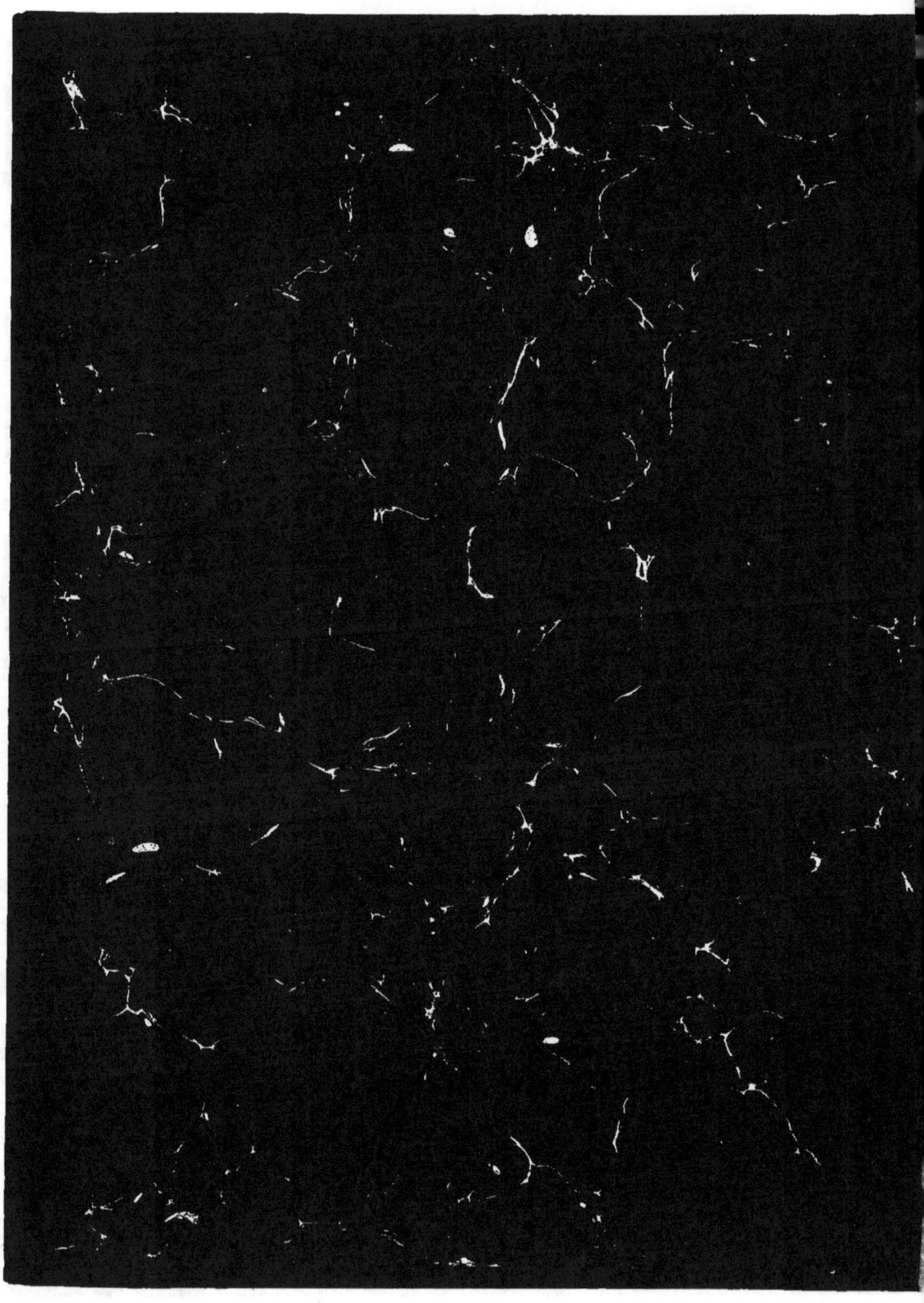

ABREGÉ

DU CAYER DES DELIBERATIONS DE L'ASSEMBLE'E Generale des Communautez du Pays de Provence,

Convoquée à Lambesc au quinziéme Novemb. 1739. pour commencer le lendemain seiziéme, par autorité & permission de Monseigneur DES GALOIS, Chevalier, Seigneur de la Tour, Glené, Chezelles-Dompierre, & autres Lieux, Conseiller du Roy en ses Conseils, Maître des Requêtes honoraire de son Hôtel, Premier President du Parlement d'Aix, Intendant de Justice, Police, & Finances en Provence, & Commadant en chef audit Pays; Et Assignée par le mandement de Messieurs le Marquis de Châteaurenard, Cartellier, de Perier Flayosc & Gallicy, Procureurs du Pays.

Dudit jour 16e Novembre du matin.

MONSEIGNEUR DES GALOIS, Chevalier, Seigneur de la Tour, Glené, Chezelles-Dompierre, & autres lieux, Conseiller du Roy en ses Conseils, Maître des Requêtes honoraire de son Hôtel, Premier Président du Parlement d'Aix, Intendant de Justice, Police & Finances en Provence, & Commandant en chef audit Pays, a dit, &c.

LE SEIGNEUR EVEQUE DE RIEZ, Conseiller

Contention entre le Seigneur Evêque de Riez & Mr. l'Assesseur, sur la parole.

du Roy en tous ses Conseils, Procureur du Pays-joint pour le Clergé, ayant commencé à parler, Monsieur Cartellier, Assesseur d'Aix, Procureur du Pays, a dit, que c'étoit à lui à parler; sur quoi ledit Seigneur Evêque de Riez ayant repliqué que suivant l'usage, ceux qui avoient occupé sa place avoient parlé les premiers, ainsi qu'il conste par les Registres du Pays; Monseigneur de la Tour a dit, que sans préjudice du droit des Parties, le Seigneur Evêque de Riez porteroit la parole, jusqu'à ce qu'il ait plû au Roy de statuer sur cette contestation.

Après quoi ledit Seigneur Evêque de Riez a dit, &c.

Et led. sieur Assesseur ne parlant plus, Monseigneur de la Tour lui a demandé s'il n'avoit rien à dire, à quoi ledit sieur Cartellier Assesseur, ayant repliqué que le discours du Seigneur Evêque de Riez suffisoit, Monseigneur le Commandant lui a ordonné de parler, en conformité de l'usage, & sans préjudice des droits des sieurs Procureurs du Pays, en attendant qu'il plaise au Roi d'en décider.

En consequence ledit Sr Assesseur a dit, &c.

Dudit jour seiziéme Novembre de relevée.

Legitimation des pouvoirs.

MOnsieur Cartellier Assesseur d'Aix, Procureur du Pays, a dit, qu'il est de l'ordre de pareilles Assemblées de sçavoir si tous les sieurs Députés sont arrivés, & s'ils ont remis au Greffe des Etats leurs pouvoirs en bonne forme.

Me. Deregina Greffier desdits Etats, a dit, que tous les sieurs députés des Communautés sont arrivés, & qu'ils ont remis leurs pouvoirs en bonne forme.

Lecture des Réglemens.

Ledit sieur Assesseur a dit, qu'il y a des Reglemens qu'on est obligé de lire avant que de faire aucune proposition.

Ledit Me. Deregina a fait la lecture des Reglemens pour la Messe chaque jour au nom du St. Esprit, pour le serment de tenir les propositions secrettes jusqu'à ce que la Déliberation en soit prise; de ne pas reveler le détail des opinions; que les sieurs Députés se trouveront aux Séances aux heures assignées: Il a aussi été fait lecture de l'Arrêt du Conseil du dernier Mars 1635. contenant défenses de faire aucuns dons ni gratifications, & du Reglement portant que dans les huit premiers jours de la tenue de l'Assemble, les sieurs Députés remettront leurs requêtes & demandes pour la réparation des ponts & chemins, à peine d'en être déchûs.

Prêtation du Serment.

Après quoi les Assistans ont prêté le serment accoûtumé.

Du 17. dudit mois de Novembre du matin.

Remiſſion des ordres du Roy pour le don gratuit.

LE Seigneur Premier Préſident & Intendant a remis deux Lettres de cachet datées de Fontainebleau du 18. Octobre dernier, l'une adreſſée à Meſſieurs les Députés de l'Aſſemblée, & l'autre à Meſſieurs les Procureurs du Pays, leur faiſant ſçavoir que Sa Mejeſté lui a adreſſé en abſence de M. le Duc de Villars, Pair de France, Gouverneur & Lieutenant-Général audit Pays, les Expéditions néceſſaires pour la convocation & tenuë de la préſente Aſſemblée générale des Communautés, pour y être pourvû aux affaires les plus preſſées, & principalement à l'impoſition de la ſomme que Sa Majeſté deſire être levée dans le Pays l'année prochaine, pour ſubvenir & ſatisfaire aux dépenſes auſquelles Sa Majeſté a été obligée pendant la préſente année. Ledit Seigneur Premier Préſident & Intendant a auſſi remis des Lettres-Patentes datées de Fontainebleau le 22. Octobre dernier, à lui adreſſées, afin que par ladite Aſſemblée il ſoit pourvû à l'impoſition de la ſomme de ſept cent mille livres, ſur tous les contribuables dudit Pays, à l'exception des Villes de Marſeille, Arles & Terres adjacentes. Sa Majeſté demande cette ſomme avec d'autant plus de confiance, qu'Elle eſt perſuadée du zéle que les habitans dudit Pays ont pour ſon ſervice, ne doutant pas qu'ils ne se portent avec empressement à l'accorder : Il paroît par ces mêmes Lettres-Patentes, que ladite somme de sept cent mille livres est destinée aux armemens de mer, & payable aux termes & en la maniere qui a été pratiquée les années dernieres, & les deniers en provenant portés par ceux qui en feront la recette ez mains du Trésorier des Galeres, sur les Quittances du Trésor Royal.

Après la lecture qui a été faite des susdites Lettres de cachet, & de la susdite Commission, ledit sieur Assesseur a dit, &c.

Déliberation

Sur quoi l'Assemblée, sans faire attention aux diverses surcharges dont le Pays est accablé, ne consultant que son zéle pour le Service du Roy, a unanimément deliberé d'accorder les sept cent mille livres qui lui sont demandées de la part de Sa Majesté, pour le don gratuit de l'année prochaine 1740. payable ladite somme en la forme & maniere accoûtumée, sur les quittances du Garde du Trésor Royal, bien & dûëment controllées, sur lesquelles Messieurs les Procureurs du Pays expedieront leurs mandemens aux formes ordinaires ; & sur les derniers payemens qui se feront desdites sept cent mille livres, il sera déduit & compensé la subsistance des Troupes d'Infanterie & de Cavalerie qui pourroit avoir été fournie par les

Communautés, soit en quartier fixe, ou en quartier d'assemblée : & afin que Sa Majesté soit bientôt informée de la prompte obéïssance de l'Assemblée pour l'execution de ses ordres, il a été deliberé de suplier ledit Seigneur Premier Président & Intendant, de la faire valoir par ses dépêches, qui seront portées avec celles de Messieurs les Procureurs du Pays, par un Courrier exprès, auquel Il sera payé par le Pays la somme de mille livres, tant pour ses peines & soins, que pour les frais de sa course en allant & revenant.

Dudit jour dix-septiéme Novembre de relevée, lesdits Sieurs ne se sont point assemblés, s'étant occupés à faire leurs dépêches pour la Cour.

Du 18e. *dudit mois de Novembre du matin.*

Interêts des héritages occupés pour les Fortifications d'Antibes, Toulon, Seyne & Colmars.

ANTIBES. Fortifications jusqu'en 1697.

LE Seigneur Premier Président & Intendant, a dit, que par les instructions qui lui ont été adressées de la part du Roy. l'Assemblée doit mettre fonds pour le payement des interêts de la somme de quinze mille six cent soixante-onze livres dix-sept sols, qui reste dûë aux proprietaires des Héritages compris dans les Fortifications d'Antibes, jusqu'en l'année 1697. de celle de dix-neuf mille deux cent cinquante-deux livres deux sols six deniers.

Pour

Pour ceux de deux mille trois cent quarante-neuf liv. qui restent aussi dûës de la somme de quatre mille huit cent quatre-vingt-quatre livres pour d'autres heritages pris en 1701. pour les fortifications de ladite Ville & de son Fort.

Idem. Jusqu'en 1701.

Pour ceux de huit cent quatre-vingt-douze livres, qui restent dûës de la somme de trois mille deux cent deux livres, aux proprietaires des huit bastides aux environs de ladite Ville d'Antibes, qui ont été démolies en 1713.

Bastides démolies en 1713.

Pour ceux de dix-huit cent trente-six liv. dix-huit sols six deniers, à quoi ont été réduites, par le procès verbal du feu Sr. Decolla ancien Assesseur, les deux mille deux cent quatre-vingt-seize liv. dûës au sieur Philibert, pour deux maisons qui lui ont été prises pour les fortifications de ladite Ville d'Antibes.

Maisons du Sr Philibert.

TOULON.

Pour ceux aussi de trois mille huit cent soixante-deux livres sept sols, qui restent encore dûës des trois mille neuf cent soixante-dix-huit liv. d'un côté, & dix-neuf cent quatre-vingt-quatre livres sept sols d'autre, pour les heritages occupez pour la nouvelle Boulangerie de Toulon.

Nouvelle Boulangerie.

Pour ceux de trente-neuf mille sept cent soixante-dix-neuf livres trois sols, qui restent à payer

Camp retranché de Ste. Anne.

de la ſomme de cinquante-ſix mille deux cent quatre-vingt-deux livres deux ſols, aux propriétaires des heritages compris dans le camp retranché de Sainte Anne ſous ladite place de Toulon, en l'année 1707.

Démolition des murailles lors du Siege en 1707. & fortifications du nouveau projet.

Pour ceux encore de ſoixante-deux mille cinq cent douze livres un ſol trois deniers, qui reſtent auſſi dûës de la ſomme de quatre-vingt-dix-ſept mille trois cent ſoixante-deux livres dix-neuf ſols trois deniers, tant pour la démolition des murailles lors du ſiege de Toulon, que pour les heritages compris dans les fortifications du nouveau projet de ladite Ville, ayant été déduit vingt-huit mille cent dix-ſept livres ſeize ſols ſix den. d'une part, qui ont été payées, & ſix mille ſept cent trente-trois livres un ſol d'autre, pour prix des heritages dont il n'eſt pas encore juſtifié que le terrain ſoit occupé.

SEYNE.

Fortifications.

Pour ceux de dix-huit mille trois cent vingt livres dix-ſept ſols, dûës aux proprietaires des heritages pris pour les fortifications de Seyne.

Reſte d'une Tour appartenant au Sr Iſoard.

Pour ceux de cinq cent livres, à quoi a été eſtimé ce qu'on a pris en 1713. du reſtant de la Tour apartenant au Sr Iſoard, le long des remparts de Seyne, dont le bas a été occupé par les fortifications en 1698.

Et pour ceux de dix-sept mille cent trente-huit livres six sols quatre deniers dûës aux proprietaires des heritages compris dans les fortifications de Colmars.

COLMARS. Fortifications.

Suivant les mêmes instructions, il est aussi porté que le Roy ayant donné ses ordres pour faire nétoyer l'entrée du port d'Antibes, & en creuser le bassin, l'Assemblée generale des Communautés du Pays de Provence, de l'année 1737. délibera que le Pays contribueroit pour un tiers dans la dépense de cet ouvrage, estimé à trente-six mille deux cent quatorze livres, dont celle-ci doit faire le fonds, si fait n'a été, suivant ladite Deliberation; & que l'intention de Sa Majesté est que la répartition du second tiers de ladite dépense soit faite sur la Communauté d'Antibes & sur les Vigueries de Grasse & de St Paul, conformément à l'Arrêt du Conseil rendu sur ce sujet le 9. Decembre de l'année derniere 1738. Sa Majesté voulant bien contribuer pour l'autre tiers de cette dépense sur le fonds des fortifications.

Creusement du Port d'Antibes.

Il est aussi porté par les mêmes Instructions, que le Roy ayant, par Brevet arrêté en son Conseil le 2. Juin de la presente année 1739. reglé les sommes qui doivent être imposées l'année prochaine 1740. sur les vingt Generalités des

Entretenement habillement, & autres dépenses de la Milice.

pays d'Election, & sur les autres Provinces & Départemens du Royaume, pour l'entretenement, habillement & les autres dépenses concernant les Milices; comme aussi pour les six deniers pour livre destinés à la retenuë des Invalides, & aux taxations du Tresorier general, & les frais de recouvrement : l'intention de Sa Majesté est que l'Assemblée fasse l'imposition de la somme de vingt-six mille quatre cent quatre-vingt-neuf liv. dix sols huit deniers, que le département de Provence doit suporter desdites dépenses, suivant l'arrêt du Conseil du 30. Juin de la presente année, expedié en consequence dudit Brevet; Sçavoir, de la somme de vingt-quatre mille six cent douze livres seize sols deux deniers, pour l'entretenement, habillement & autres depenses concernant les Milices; de celle de six cent quinze liv. six sols cinq den. qui doit être levée en consequence de l'article XXIII. de l'Ordonnance du 25. Fevrier 1726. pour les six deniers pour livre de la dépense desdites Milices; & de celle de douze cent soixante-une livres huit sols un denier, pour les frais de recouvrement desdites deux sommes, à raison d'un sol pour livre, revenant toutes les sommes susdites à ladite premiere de vingt-six mille quatre cent quatre-vingt-neuf livres dix sols huit deniers, laquelle sera payée par les contribuables de quartier en quartier, & levée par les Collecteurs ordinaires, qui en remettront le montant dans les mêmes termes que ceux de la Taille, aux Receveurs particuliers dudit Pays de Provence, & lesd. Receveurs particuliers au Tresorier general dudit Pays ; pour être ladite somme de vingt-six mille quatre cent quatre-vingt-neuf liv. dix sols huit deniers, deduction faite d'un sol pour livre qui sera retenu ou distribué entre les Collecteurs & autres preposés particuliers & generaux, ainsi & de la maniere usitée dans ledit Pays, remise par le Tresorier general au Tresor Royal, & employée suivant les ordres de Sa Majesté.

Les mêmes instructions portent qu'il soit incessamment travaillé au rétablissement des chemins, en sorte qu'ils soient en bon état. *Chemins.*

Et finalement, que l'Assemblée donne une attention particuliere à l'acquittement des dettes du Pays, & à tout ce qui peut concerner le bien du commerce & l'avantage des manufactures. *Dettes du Pays.* *Commerce & Manufactures.*

Sur quoi l'Assemblée a deliberé qu'il sera mis fonds ci-après pour les interêts de tout ce qui reste dû des sommes principales, dont mention est faite ci-dessus, à raison de trois pour cent, concernant les heritages pris pour les fortifications de Seyne & de Colmars, la nouvelle Boulangerie de Toulon, les heritages compris dans le camp *Deliberation.* *Fortifications.*

retranché de Sainte Anne sous Toulon, & pour ceux compris dans les nouvelles fortifications de la même Ville, des fortifications d'Antibes & de son port des années 1697. 1701. & 1704. pour les interêts de ce qui reste dû de la somme de trois mille deux cent deux livres à quoi a été fixé le prix des huit bastides aux environs d'Antibes, dont le Roy avoit ordonné la démolition en 1713. de celle de dix-huit cent trente-six livres dix-huit sols six deniers dûë au sieur Philibert, & de celle de cinq cent livres dûë au sieur Isoard, en qualité d'heritier du sieur Savournin, pour le restant de la Tour à lui apartenant le long des remparts de la ville de Seyne, laquelle imposition ne sera faite que pour deux tiers des interêts desdites sommes qui doivent être payés par le Pays: les Villes de Marseille, Arles & Terres adjacentes étant obligées de contribuer pour l'autre tiers.

Port d'Antibes. Et à l'égard de la somme demandée pour nétoyer l'entrée du port d'Antibes & en creuser le bassin, la Deliberation prise dans la derniere Assemblée generale sera executée, le cas y échéant.

Milice. Comme aussi l'Assemblée a déliberé qu'il sera mis fonds de la somme de dix-huit mille neuf cent vingt-une liv. un sol onze deniers, pour les trois quarts de celle de vingt-quatre mille six cent douze livres seize sols deux deniers d'une part, & six cent quinze livres six sols cinq deniers d'autre, competant aux Communautés du Pays de Provence, de l'entretenement, habillement, & autres dépenses concernant les Milices; le quart restant devant être suporté par Marseille, Arles & Terres adjacentes: laquelle somme de dix-huit mille neuf cent vingt-une liv. un sol onze den. sera payée sur les quittances du Tresor Royal, & le mandement de Messieurs les Procureurs du Pays; ayant été en outre deliberé que Messieurs les Procureurs du Pays poursuivront l'execution de l'Arrêt du Conseil par eux obtenu les 19. Août 1738. & de l'Ordonnance de M. l'Intendant mise au bas d'icelui le 5. Septembre suivant, contre les Communautés de Marseille, Arles, Salon & Terres adjacentes, à l'occasion des sommes qu'elles doivent au pays de Provence, pour le payement par lui fait à leur décharge, des sommes concernant les Milices, & mentionnées audit Arrêt.

Et quant aux articles desdites Instructions, concernant la réparation des ponts & chemins, & l'acquittement des dettes du Pays, l'Assemblée a reservé d'en parler dans une autre séance, sur la connoissance qui lui en sera donnée.

Relation des principales affaires.

MOnsieur Cartelier Assesseur d'Aix, Procureur du Pays a dit, que Messieurs ses Collegues & lui ayant eu l'honneur d'administrer encore cette année les affaires du Pays, il étoit de leur devoir d'en rendre compte à l'Assemblée, soit pour en obtenir la ratification, ou pour servir d'éclaircissement aux propositions qu'il sera obligé de faire, à quoi il a satisfait de la maniere suivante.

VINS.

De l'Arrêt du Conseil obtenu par le Pays, qui en permet le transit par Marseille.

Il fut parlé dans la derniere Assemblée generale de l'affaire importante du transit des vins par Marseille; depuis ce tems-là cette affaire ayant été assiduëment poursuivie, il est intervenu Arrêt au Conseil Royal des Finances le 26. May dernier, qui a decidé cette grande question en faveur des Communautés du Pays: mais comme le Conseil a trouvé bon lors de cet Arrêt, que M. de la Tour, de concert avec les sieurs Echevins de Marseille, avisât aux precautions qui pourroient être necessaires pour empêcher les contrebandes & les versemens des vins étrangers dans Marseille & son terroir, c'est ce qui a donné lieu à des memoires respectifs presentés à M. de la Tour, les sieurs Echevins de Marseille ayant communiqué un vaste projet de Reglement qui ne contient pas moins de vingtcinq articles, où ils font naître une infinité de difficultés & d'obstacles insurmontables, pour tâcher de rendre ce transit illusoire & éluder l'execution de l'Arrêt qui a été rendu.

On a répondu exactement de la part du Pays aux prétentions des Echevins, dont l'une, entr'autres, consiste à établir dans le terroir un nombre surnumeraire & exhorbitant de quatorze Officiers & de cent dix Gardes pardessus les anciens, outre un Inspecteur general, trois Chevaux de piquet. un logement pour les Employez, & autres articles également insoûtenables ; & l'on propose de faire suporter cette dépense, qui monteroit plus de vingt mille écus tous les ans, par le corps du Pays, sans vouloir considerer que chacun doit se garder à ses dépens, lorsqu'il craint les contrebandes du dehors ; & d'ailleurs cette crainte est bien vaine & chimerique dans le cas present, puisque la quantité de Bureaux établis à l'avenuë du terroir de Marseille pour la levée des droits du Roy, fournit un nombre de Gardes plus que suffisant pour veiller aux contraventions, outre ceux que la Communauté de Marseille tient dans plusieurs endroits du terroir, & aux portes de la Ville ; ce qui la rassure pleinement contre le versement du Vin forain qu'elle fait semblant d'aprehender ; aussi elle n'a pas employé ni exigé toutes ces precautions à l'égard du transit des Vins que l'on charge pour les Isles Françoises de l'Amerique & pour la Compagnie d'Afrique ; ce qui fait voir que la Communauté de Marseille ne songe en cette occasion qu'à rendre la [illegible] possible dans l'execution, après qu'elle n'a pû l'eviter.

Meſſieurs les Procureurs du Pays ont expoſé par écrit toutes leurs raiſons à M. l'Intendant, qui eſt en état de donner ſon avis pour la troiſiéme fois, & nous avons lieu de tout eſperer de ſa juſtice & de celle du Conſeil, dont nous avons déja reſſenti les effets en cette affaire.

Des Lettres Patentes ſur l'atribution au Grand Conſeil des cauſes de la Congregation de Saint Maur.

Repeſentations pour en obtenir la revocation.

Meſſieurs les Procureurs du Pays ayant eu connoiſſance des Lettres Patentes ſurpriſes de la Religion de Sa Majeſté, le 19. Avril 1739. par la Congregation de Saint Maur, portant une attribution generale au grand Conſeil, de tous les procès mûs & à mouvoir concernant les Monaſteres, Prieurés & Maiſons de cette Congregation, tant dans le chef que dans les membres, ils en firent mention dans une Aſſemblée particuliere du Pays, où il fut déliberé, ſous le bon plaiſir de l'Aſſemblée generale, qu'ils feroient, de concert avec Meſſieurs du Corps de la Nobleſſe, leurs repreſentations à Son Eminence Monſeigneur le Cardinal de Fleury, à Monſeigneur le Chancelier & M. le Comte de Saint Florentin, pour les ſuplier de porter Sa Majeſté à revoquer ces Lettres Patentes, qui attaquent l'ordre naturel des Juriſdictions & la Loy Statutaire de ce Pays, qui ne veut pas que ſes habitans ſoient diſtraits de leurs Juges ordinaires pour quelque pretexte que ce ſoit; ce qui forme un pacte eſſentiel, ſous lequel la Provence a paſſé à la domination des

Rois de France, qui sont devenus par ce moyen les protecteurs de ses privileges & de ses libertés.

Ils ont representé, que si cette attribution exhorbitante avoit lieu, la Congregation de Saint Maur pourroit en abuser facilement à l'égard des Sujets du Roy en Provence, & que cet abus pourroit dégenerer en vexations; car ils aimeroient mieux ceder aux prétentions les plus injustes, que d'abandonner leurs familles & leurs affaires domestiques pour aller plaider avec incommodité & à grands frais, à deux cent lieuës de leur domicile; qu'en effet on venoit d'en voir un exemple remarquable en la personne de la Demoiselle Ursule Monier, femme de Me Sauveur Vial de la Ville de Pertuis, qui avoit abandonné les poursuites de la répetition de sa dot, contre les créanciers de son mari, dès qu'elle s'étoit vûë assignée au Grand Conseil de la part de Mr de Canillac Abbé de Mont-majour lès-Arles, comprenant bien qu'elle seroit réduite à la mendicité avec sa famille, s'il lui falloit suivre une instance pardevant ce Tribunal. La Communauté de Pelissanne a essuyé une pareille assignation pour des droits Seigneuriaux; & si l'on n'arrête les suites de ce mal dans sa naissance, on verroit bien-tôt les habitans qui sont répandus dans une vingtaine de Villes, Bourgs ou Villages dépendans des Religieux de Mont-majour, ou de la manse abbatiale, traînez quelque-fois pour des droits minimes, tantôt aux Requêtes du Palais à Paris en vertu de Committimus, tantôt au Grand Conseil en vertu de Lettres d'évocation generales, quoique prohibées par l'Ordonnance de 1669. si ce n'est (comme dit cette Ordonnance) pour très-grandes & importantes occasions, jugées au Conseil de Sa Majesté, & ici on ne voit point de grandes & urgentes causes d'acorder cette évocation generale, puisqu'on n'exprime point d'autre motif dans les Lettres Patentes, si ce n'est que les membres de cette Congregation sont voüez à la priere & à l'étude, & ne sont point en état de se produire au dehors, ni de suivre tous les Tribunaux du Royaume, quoique cette raison soit commune à tous les autres Corps Religieux.

Enfin; Messieurs les Procureurs du Pays ont remontré que les évocations generales ont si peu de faveur, & que Sa Majesté est si portée à les revoquer pour de justes causes, que le Clergé l'a éprouvé lui-même depuis peu; car ayant sollicité & obtenu une évocation generale des demandes en droit d'indemnité, cette attribution a été revoquée par un Arrêt du Conseil du 16. Juin 1738. qui a renvoyé la connoissance de ces sortes de matieres pardevant les Juges des lieux; ce qui paroit bien encore plus juste à l'égard d'une Communauté reguliere, moins favorable que le Clergé seculier, & dont les membres, & entr'autres les Abbés de Mont-majour, n'avoient jamais fait une pareille tentative, puisqu'on a vû dans ces derniers tems M. le Cardinal Bichy, & après lui Mr. l'Abbé de Gamache plaider pour tous les droits de cette Abbaye devant les Sénéchaux de Provence, & par appel au Parlement.

On attend le succès de ces representations, que nous avons chargé Mr Noblet par une lettre du 9. Août dernier, d'apuyer de ses soins auprès du Ministre: mais nous n'avions reçû depuis aucune réponse de sa part, & ce n'est que par une lettre du 27. Septembre dernier, qu'il nous a apris que M. le Comte de Saint Florentin se montroit favorable à nos representations; qu'il les avoit appuyées auprès de son Eminence Monseigneur le Cardinal, qui les avoit trouvées très-justes, & que Monseigneur le Chancelier, qui avoit accordé cette évocation, en avoit porté le même jugement, en sorte qu'il étoit apparent que cette affaire seroit decidée au prochain voyage de Fontainebleau d'une maniere avantageuse pour le Pays.

Du procès du feu Sr. Lieutenant Eymard, & du Pays, contre Mr le Commandeur d'Avignon, & l'Ordre de Malte.

Il est bon d'instruire l'Assemblée de l'état où se trouve l'affaire que le Pays a au Conseil de Sa Majesté contre Mr. le Commandeur d'Avignon & l'Ordre de Malte en general, dans laquelle les heritiers de Mr. Eymard Lieutenant au Siege de Forcalquier, sont parties principales & jointes avec le Pays, où il s'agit de la cassation qu'ils ont demandée de concert, d'un Arrêt de la Cour de Parlement du 18. Juin 1737. qui les deboute de leur declinatoire & du renvoi qu'ils avoient demandé devant les Juges ordinaires; sur quoi il est intervenu Arrêt du Conseil le 29. Juillet 1738. portant que la Requête seroit communiquée à l'Econôme de l'Ordre de Malte & à M^r le Commandeur d'Avignon; & que Mr. le Procureur General envoyeroit les motifs de l'Arrêt au Greffe du Conseil, ce qui doit avoir été fait.

Cependant quoique cet Arrêt ait été signifié aux parties & à Mr. le Procureur General par exploits des 9. 13. & 25. Octobre 1738. avec constitution de nouvel Avocat, tant de la part du Pays, que des heritiers du sieur Eymar, & que l'Arrêt avec l'assignation ayent été envoyez à Mr. Noblet depuis le 5. Novembre 1738. c'est-à-dire depuis plus d'un an, néanmoins le défaut de constitution de nouvel Avocat de la part de l'Ordre de Malte, a causé du rétardement en cette affaire, joint à cela que le Pays attendoit toûjours que Mr. Bronod son Avocat ordinaire rentrât dans son emploi, afin qu'on pût continüer à se servir de son ministere, dont on étoit très-content; cependant comme un plus grand retardement auroit pû nuire aux interêts du

Pays, à qui il importe d'obtenir au plûtôt un Arrêt de cassation qui reprime les frequentes entreprises de l'Ordre de Malte sur les Jurisdictions ordinaires, on a tâché par toute sorte de moyen d'accelerer la conclusion de cette affaire, & l'on a poursuivi en même tems les remontrances que le Païs avoit faites à Sa Majesté pour faire fixer les committimus multipliés de cet Ordre, & l'on n'a differé sans doute de répondre ces remontrances, que dans l'attente du succès de l'instance en cassation dans laquelle Mr. le Marquis de Châteaurenard se trouve aussi partie jointe avec le Pays.

D'autre part, comme Mr Baizé Avocat de l'Ordre de Malte n'étoit pas non-plus rentré dans son emploi, Mr l'Assesseur écrivit à Mr Noblet par une lettre du 20. Mars dernier, qu'il conviendroit de faire assigner l'Econome de l'Ordre de Malte, & Mr. le Commandeur d'Avignon en constitution de nouvel Avocat; & pour agir avec plus de precaution, ils consulterent Mr le Gras Avocat au Conseil, sur la conduite qu'ils devoient tenir; il a répondu, que sur le pied du nouveau Reglement du Conseil, on ne pouvoit point se dispenser de faire assigner l'Econôme de Malte & Mr. le Commandeur d'Avignon en constitution de nouvel Avocat, leur ayant envoyé à cet effet un Arrêt du Conseil imprimé signé par un Secretaire du Roy, en vertù duquel les assignations peuvent être valablement données, & ils s'en sont servis poür faire assigner leurs parties én constitution de nouvel Avocat; ils ont chargé en mêmetems Mr le Gras de retirer de Mr Noblet l'Arrêt d'assigné & les autres pieces.

SEIGNEURS PEAGERS.

Des poursuites pour la réparation & rétablissement des Chemins dans l'étenduë de leurs terres.

Messieurs les Procureurs du Pays n'ont pas encore pû terminer l'affaire contre les Seigneurs péagers, pour laquelle ils avoient eu l'honneur d'adresser leurs plaintes à M. le Controlleur General depuis le 2. Fevrier 1738. afin qu'il plût à Sa Majesté d'obliger par une Declaration, ou un Arrêt du Conseil, les Seigneurs qui levent les péages, à faire réparer les chemins publics dans lesquels ils les exigent, ou à renoncer irrémissiblement à leur droit, rien n'étant plus interessant pour le bien du Pays, & même pour le service du Roy, que de faire réparer les chemins par où passent les Troupes & les Courriers des Postes, & qui sont devenus tellement impraticables par la negligence des Seigneurs péagers, que quelques-uns sont hors de service; ce qui engage les passans à exposer leur vie dans des defilés facheux, ou à faire de longs circuits, & quelque-fois à se frayer un passage dans les terres des particuliers, qui en reçoivent des dommages très-considerables; aussi les murmures publics augmentent là-dessus tous les jours, & malgré l'attention de Messieurs les

Procureurs

Procureurs du Pays à poursuivre l'effet de leurs representations, ils n'ont pas pû venir à bout d'obtenir justice dans un cas si pressant, quoique M. de la Tour, qui avoit été consulté sur cette affaire, ait donné depuis long-tems son avis.

On n'a cessé de presser l'expedition auprès de M. le Controlleur General; Mr. Noblet avoit écrit qu'il ne restoit plus qu'à dresser l'Arrêt du Conseil, mais qu'il falloit envoyer en droiture à Mr Clautrier le pere premier Commis de M. le Controlleur General, les pieces qu'il demandoit à cet effet; elles lui furent envoyées sur le champ par une lettre du 10. Juin dernier; & l'on a pris soin en même-tems d'en avertir Mr Noblet. Depuis lors il n'avoit pas été possible à Mrs. les Procureurs du Pays de sçavoir ce que cette affaire étoit devenuë: mais ils ont reçû une derniere lettre de Mr Noblet du 27. Septembre, par laquelle il leur aprend que l'affaire avoit été communiquée à Mr Maboul Maître des Requêtes, Procureur General de la Commission des Péages, pour donner son avis; ce qui n'a eu depuis aucune suite, & cette affaire est toûjours dans le même état, nonobstant les soins continuels que Messieurs les Procureurs du Pays se sont donnez pour la finir; n'étant pas question au reste de communiquer cette affaire au Bureau établi pour verifier les titres des péages, puisqu'il ne s'agit pas, à l'égard du Pays, du merite des titres, que l'on veut supposer bons: mais d'obliger, en conformité des anciennes Ordonnances, les Seigneurs péagers à réparer les chemins, ou à renoncer à leurs droits.

De l'affaire concernant les Dons de feu Mr le President de St Vallier, que ses heritiers prétendent faire réduire.

On a tâché de consommer avec les heritiers de feu Mr. le President de St. Vallier, le traité qu'on avoit fait avec lui, dont il a été fait mention dans le cayer de la precedente Assemblée generale. Pour parvenir à ce but, Messieurs les Procureurs du Pays ont envoyé à Mr. Noblet depuis le 20. Mars dernier, l'acte de ratification & de confirmation deliberé dans la derniere Assemblée de tous les actes passez par Mr de St. Vallier à l'occasion de ce traité, avec une revocation de tout ce qui avoit été fait auparavant pour se conformer aux vûës & aux scrupules du deffunt.

Nous avions envoyé auparavant à Mr. Noblet, depuis le 9. Janvier une procuration en forme pour exiger les cinquante mille livres que Mr de St. Vallier avoit consignées à Paris chez Me Laydeguive le jeune, & on y avoit joint toutes les pieces concernant cette affaire, qu'on avoit envoyées une seconde fois pour satisfaire les heritiers de ce Magistrat. Mr. Noblet écrivis long-tems après une lettre à Messieurs les Procureurs du Pays, le 6. Juillet, par laquelle il leur marquoit que cette procuration ne pouvoit pas être suffisante pour lui, & qu'il falloit lui en envoyer une autre, parce que dans les cinquante-mille livres il y avoit une quittance de mille liv. de Mr de Saint Vallier pour une année d'arrérages, quoiqu'il n'eût pas encore été decidé si les interêts de cette somme consignée devoient courir depuis le dépôt, ou seulement depuis le jour que le Pays toucheroit réellement les deniers, comme cela paroissoit beaucoup plus juste.

Cette nouvelle difficulté, à laquelle on ne s'attendoit pas, obligea Mr l'Assesseur d'écrire en réponse à Mr Noblet le 13. du même mois de Juillet, qu'il ne paroissoit pas convenable de déduire cette quittance de mille livres d'interêt sur le dépôt de cinquante mille livres, que néanmoins si cela faisoit quelque obstacle, on le surmonteroit en lui envoyant une nouvelle procuration pour exiger les cinquante mille liv. en argent ou en papiers, afin d'aplanir toutes les difficultés dans une affaire qui avoit déja donné tant de peine. Depuis ce tems-là Mr Noblet n'avoit point écrit jusques au 27. Septembre dernier, & il n'avoit plus parlé de cette affaire, ni demandé de nouvelle procuration; ce qui faisoit croire que celle qui fut envoyée le 9. Janvier lui suffisoit: mais cependant on n'avoit point eu avis que cette fomme importante eût été recouvrée, & l'on n'en pouvoit point fçavoir les raifons.

En dernier lieu, M. l'Archevêque a reçû une lettre de Mr Noblet du 9. de ce mois, avec un memoire dreffé par Mr Bargeton, Avocat au Parlement de Paris, qu'il avoit confulté, où il eft pofé en fait, que Mr. de St. Vallier avoit fait huit fondations differentes, fix à Paris & deux en Provence, montant au tout à quarante-huit mille deux cent cinquante livres de rente, pour lefquelles il a cedé un million trois cent cinquante-trois mille huit cent quarante livres; qu'il a fait outre cela par fon teftament divers legs pies, & qu'il a laiffé dix-huit heritiers prefomptifs qui font tous au degré de coufins germains, & qu'il a legué cent mille livres à un feul, enforte qu'il y en a dix-fept, à ce qu'on prétend, qui n'ont rien du tout dans fa fucceffion, parcequ'il n'a point laiffé de propres; que ces dix-fept heritiers veulent fe pourvoir contre les fondations, & demander qu'elles foient réduites, attendu qu'elles font exceffives: on ajoûte dans ce Memoire en traitant la queftion de droit, que l'ufage du Parlement de Paris eft de ne point aprouver ces liberalitez & fondations exceffives qui dépoüillent les familles des fondateurs; qu'il y a plufieurs Arrêts qui ont retranché de pareilles fondations au profit des heritiers même collateraux, quelque fois de la moitié, d'autres fois du tiers ou du quart, plus ou moins suivant la force des succeſſions, l'etat & la condition des perſonnes, & autres circonſtances; que par toutes ces raiſons on a mis cette affaire en negociation avec les heritiers préſomptifs; que Mr. le Procureur General au Parlement de Paris qui doit avoir la principale direction & adminiſtration des ſix fondations faites à Paris, eſt diſpoſé à conſentir à quelque retranchement en faveur des fondations, & que l'on cherche tous les expediens poſſibles pour terminer cette affaire à l'amiable; que ſi Meſſieurs les Procureurs du Pays veulent entrer dans cet accommodement, ils peuvent donner leur pouvoir à une perſonne de confiance qui aſſiſtera aux conferences qui ſeront faites: qu'on leur envoyera même s'ils le ſouhaitent les états de tout ce qui concerne les fondations & les biens de la ſucceſſion de Mr. de St. Vallier, avec le plan des propoſitions qui auront été conſenties: c'eſt ſur quoi l'Aſſemblée pourra deliberer.

Du Procès de la Communauté de St. Benoît & du Pays, intervenant contre le Sr André d'Annot, au ſujet d'un domaine altené en franchiſe de Tailles.

Le procès entre la Communauté de St. Benoit ſoûtenuë de l'intervention du Pays, & le ſieur André de la ville d'Annot, dont il a été parlé dans le cayer de la precedente Aſſemblée, n'a pas encore été decidé au Conſeil, & l'on pourra en avoir des nouvelles plus préciſes, lorſque le Pays aura tout à fait determiné ſon choix pour un Avocat au Conseil qui suivra les affaires & instruira Messieurs les Procureurs du Pays de l'état où elles se trouvent, ce qu'ils ont presque totalement ignoré depuis que Mr. Bronod n'est plus en place. Il n'est pas necessaire au reste de faire assigner le sieur André en constitution de nouvel Avocat, parceque Mr Dumont qui deffendoit pour lui, est du nombre des Avocats au Conseil qui ont été conservez.

Du Procès contre le Sr de Blair Receveur des Consignations, sur sa demande en cassation de l'Arrêt du Parlement d'Aix, dont les motifs ont été envoyez au Greffe du Conseil.

Il est survenu un nouvel évenement dans l'affaire pendante au Conseil entre le Pays, Mrs. les Echevins de Marseille & les Sindics des Créanciers de la faillite de Jayne d'une part, & le sieur de Blair Receveur des consignations en Provence, qui a demandé la cassation d'un ancien Arrêt du Parlement du 23. Juin 1724. après avoir été debouté par une decision du Conseil du 22. Juin 1737. du projet de Declaration du Roy qu'il avoit presenté à M. le Controlleur general; il est arrivé en dernier lieu qu'on a signifié à Mr le Procureur General du Parlement, un Arrêt du Conseil Royal des Finances, portant qu'il envoyera dans un mois au Greffe du Conseil les motifs de l'Arrêt en question, ce qui a été fait, & l'on attend l'issuë de cette affaire également interessante pour le Pays & pour la ville de Marseille en particulier; elle a été fort bien instruite par Mr le-Gras Avocat au Conseil qui en avoit été originairement chargé de la part du Pays, & il s'est également bien acquité des autres affaires qu'on lui a confiées depuis qu'on a été privé du ministere du sieur Bronod.

Du Procès de la Communauté de St Martin de Castillon, contre le Seigneur dud. lieu, au sujet des biens délaissez sans culture, a l'arbitrage duquel il avoit été consenti.

Il avoit été deliberé dans la precedente Assemblée, sur la relation du procès pendant pardevant la Cour des Comptes, entre la Communauté de Saint Martin de Castillon, & son Seigneur; qu'attendu le consentement donné par Mr. le Conseiller de Guelton, de terminer cette affaire par la voye de l'arbitrage qui lui avoit été offerte, Messieurs les Procureurs du Pays engageroient les Consuls de ce lieu à convenir d'Arbitres & à remettre leurs pieces; ceux-ci avoient long-tems differé de répondre aux lettres qu'on leur avoit écrites à ce sujet; & enfin, par une Déliberation du 9. Novembre 1738. dont il fut fait mention dans la derniere Assemblée, la Communauté délibera d'écrire à son Procureur, pour lui donner ordre de remettre ses pieces à Messieurs les Procureurs du Pays, avec pouvoir aux Consuls de faire toutes les procedures necessaires pour accelerer l'arbitrage: mais cette Deliberation est demeurée sans effet, par l'inaction des Consuls; & malgré les soins que Messieurs les Procureurs du Pays se sont donnés pour obliger Me. Taurel, Procureur de cette Communauté, à leur remettre les pieces, ils n'ont pû en venir à bout pendant le cours d'une année, s'étant toûjours excusé sur ce que les Consuls ne les lui avoient pas envoyées, nonobstant les frequens avis qu'il leur avoit donné ; on a été bien aise de faire sçavoir à l'Assemblée les dispositions de cette Communauté, qui se refuse avec affectation aux voyes de mediation & de paix, après que le Pays les avoit fait proposer lui-même, & qu'elles avoient été acceptées par le Seigneur.

DURANCE.

Des entreprises & voyes de fait de ceux du Comtat, pendant que l'on poursuit la nomination des Commissaires pour le rétablissement des termes & limites de Provence, que les Communautés de Noves & Châteaurenard reclament.

L'affaire des limites du Comtat d'Avignon & du Pays est trop importante pour ne pas instruire l'Assemblée de ce qui s'est passé depuis la derniere Assemblée des Communautés, où il fut resolu de faire article dans le cayer des remontrances, de la demande des Consuls de Noves & de Châteaurenard, pour le rétablissement des Termes & Contre-termes qui fixoient le lit de la Riviere de Durance, posés en execution du Concordat de 1623. & dont partie ont été arrachés & enlevéz par une fraude caracterisée.

Ce fut en consequence de cette Déliberation, que Messieurs les Procureurs du Pays adresserent des remontrances à Sa Majesté, pour engager le Pape à nommer des Commissaires de sa part, qui, conjointement avec ceux du Roy, se porteroient sur les lieux, & les feroient rétablir dans leur premier état, afin d'empêcher que ceux d'Avignon ne continuassent

continuassent leurs usurpations dans le lit de la Riviere, par une contravention au Concordat.

Pendant que l'on sollicitoit à la Cour l'effet de ces remontrances, les habitans d'Avignon, non contens de faire de nouvelles usurpations également nuisibles à l'interêt du Roy & à celui de ces deux Communautés voisines, se sont portés à cet excès de faire des travaux & des excavations dans le lit de la Riviere, pour en rejetter les eaux du côté de la Provence, & de submerger ainsi les deux terroirs de Noves & de Châteaurenard, de sorte qu'après avoir envahi à ces deux Communautés leurs meilleures terres par des frequentes entreprises, ils les exposent encore au danger éminent de voir emporter leurs terroirs par les irruptions de la Durance, principalement lors des pluyes orageuses, comme celles qui ont regné en dernier lieu dans ce Pays.

Des voyes de fait si criantes ont obligé Messieurs les Procureurs du Pays de recharger leurs remontrances, & d'adresser de nouveau leurs plaintes à Son Eminence Monseigneur le Cardinal de Fleury, à M. le Comte de Saint Florentin, à M. Amelot chargé du détail des affaires étrangeres & à Mr le Comte du Muy, afin de surmonter les tergiversations outrées des habitans d'Avignon, qui éludent depuis des années entieres la conclusion de ce different, & se portent tous les jours à de nouvelles extremités également préjudiciables à l'Etat & au Pays en particulier, qui se voit emporter une partie de ses terres, sans pouvoir obtenir justice, faute de nomination de Commissaires de la part de sa Sainteté.

Peut-être que ces dernieres remontrances produiront l'effet qu'on en doit attendre, & il ne tiendra pas à Messieurs les Procureurs du Pays que cette affaire ne se termine à la satisfaction des deux Communautés plaignantes.

SEYNE, CHEF DE VIGUERIE.

Des abus pratiquez & surexactions faites par les Communautés de cete Viguerie, dans la liquidation & remboursement des dépenses.

Une personne ayant donné secrettement avis à M. l'Archevêque de diverses malversations commises pendant plusieurs années dans la liquidation des dépenses de quelques Communautés du Pays, où l'on avoit tantôt supposé de faux articles, tantôt grossi & exageré les veritables ; en quoi le Pays avoit été considerablement lezé. M. l'Archevêque raporta cet avis dans une Assemblée particuliere tenuë le 17. Juin dernier, & assura que cette personne, qui ne vouloit pas être nommée, se chargeoit de fournir de bons memoires pour faire reparer ce tort, & donner moyen au Pays de recouvrer, du moins, une grande partie de ce qui avoit été induëment exigé, n'étant pas possible de parvenir à la restitution du total, à cause qu'une partie n'avoit pas été employée au profit de ces Communautez, & avoit servi à des fraix & des dépenses cachées qui emportoient environ le tiers, & dont on ne pouvoit pas avoir la repetition.

Cette proposition fut acceptée aux conditions offertes par cette personne anonime, c'est-à-dire, sous le quittus du tiers en sa faveur, à la charge par elle de donner les moyens au Pays de recouvrer les deux autres tiers; & comme par les memoires qui furent remis à M. l'Archevêque, on connut les Communautez dont les Consuls étoient au cas de cette recherche, les Consuls des années furent mandez venir pour se justifier; ils se rendirent la plûpart auprès de Mrs les Procureurs du Pays, & donnerent des memoires pour leur deffense qui n'étoient pas entierement concluants, de sorte qu'on les renvoya pour prendre de plus amples instructions; & depuis lors Mrs les Procureurs du Pays ont reçû de nouveaux éclaircissemens qui mettent les surexactions dans uue plus grande évidence: ce qui les a obligé d'écrire au Chef de Viguerie où les principales malversations ont été commises, pour l'avertir de se preparer avec les autres Communautez à finir cette affaire qui est très-serieuse pour le Pays.

Les Consuls de Seyne qui sont ce Chef de Viguerie, ont fait là-dessus une réponse fort cavaliere à Mrs les Procureurs du Pays par leur lettre du 29. Octobre dernier, en leur aprenant qu'ils avoient assemblé à cet effet un Conseil general, & que le Conseil s'étant arrêté sur d'autres propositions qui les avoient occupez, on avoit renvoyé l'affaire au prochain Conseil, qu'ils avoient ensuite differé à cause d'une foire qui se tient à Digne à la Toussaints; ce qui n'est qu'une mauvaise évasion qui rend toûjours plus suspecte la conduite des Administrateurs de cette Communauté.

Il étoit necessaire cependant de donner connoissance à l'Assemblée de cette affaire, afin qu'on ne la perdît point de vûë sous une autre administration.

MILICE.

Du payement avec protestation des Chapeaux, Bords & Souliers des Miliciens.

Dans la même Assemblée particuliere du 17. Juin on agita un autre point qui est de consequence pour le Pays; il fut deliberé dans la derniere Assemblée generale des Communautez d'imposer dix-huit mille neuf cent vingt-une livres un sol onze deniers pour les trois quarts de celle de vingt-quatre mille six cent douze livres seize sols deux deniers d'une part, & six cent quinze livres six sols cinq deniers d'autre, competant aux Communautez du Pays de Provence, de l'entretenement, habillement, & autres dépenses concernant les milices, le quart restant devant être fourni par Marseille, Arles & les Terres adjacentes.

La même Assemblée generale dans la repartition qu'elle fit des sommes imposées pour les demandes de sa Majesté, & ses charges particulieres, affecta soixante six livres par feu pour le remboursement de la dépense des Troupes, & l'entretenement, habillement, & autres dépenses de la Milice, comme on voit à la page 121. du cayer imprimé.

Il arriva cependant que dans le mois de May dernier M. de la Tour écrivit une lettre circulaire à toutes les Communautés qui ont fourni des Soldats de milice, pour faire payer par chacune son contingent de la fourniture des chapeaux, bords & souliers faite aux Miliciens par le sieur Audibert entrepreneur, eu égard au nombre des Soldats que chaque Communauté a fourni, se montant sept liv. par chaque Soldat.

Messieurs les Procureurs du Païs, qui reçûrent cette lettre en qualité de Consuls d'Aix, penserent naturellement que la Deliberation de l'Assemblée ayant mis fonds de la somme de dix-huit mille neuf cent vingt-une liv. un sol onze deniers pour l'entretenement, habillement & autres dépenses concernant les Soldats de Milice, cela devoit tout comprendre, & que la fourniture du sieur Audibert devoit être prise sur le fonds & sur l'imposition de soixante-six liv. par feu, sans quoi ce seroit un double emploi & une gemination, si on faisoit payer à chaque Communauté sept liv. pour les chapeaux, bords & souliers d'autant de Miliciens qu'elle avoit fourni, l'Arrêt du Conseil du 29. Juillet 1738. ayant limité à une somme certaine tout ce que le Païs de Provence devoit payer pour les Milices pendant l'année 1739. suivant l'exposé qui fut fait dans la derniere Assemblée par M. le Commissaire du Roy.

Ces raisons ayant été representées à M. de la Tour, il y parut sensible, & il fit écrire une seconde lettre aux Communautés, qui revoquoit la premiere; en sorte qu'il n'y avoit plus qu'à prendre la somme dûë à l'Entrepreneur dans la caisse du Pays, sur le fonds destiné à la dépense des Milices.

Dans la suite, le sieur Audibert s'étant présenté pour recevoir la somme de trois mille neuf cent treize livres, qu'il avoit à prendre des Communautés qui entrent dans les charges du Pays, sur le pied de sept livres pour chaque Milicien, suivant son accord; Messieurs les Procureurs du Pays le renvoyerent au fonds qui étoit dans la caisse, & exigerent de lui qu'il fit rendre une Ordonnance par M. de la Tour, portant que le payement qu'on lui feroit, seroit à compte des dix-huit mille neuf cent vingt-une liv. 1. s. 11. d. destinées pour la dépense generale des Milices, moyenant quoi la somme qu'il demandoit lui seroit comptée.

M. de la Tour ayant refusé de faire cette Ordonnance, comme il s'agissoit du payement d'une fourniture faite pour le service du Roi, qui ne souffre point de retardement, il fut determiné dans une Assemblée particuliere, d'expedier incessamment à l'Entrepreneur un mandement de la somme qui lui étoit dûë, dans lequel on protesteroit que le payement étoit fait à compte de la somme imposée par la derniere Assemblée generale, pour l'entretenement, habillement, & autres dépenses concernant les Milices, & que dans le cas où cette somme ne seroit pas déduite sur la totalité dans la quittance du Garde du Tresor-Royal, il seroit fait de très-humbles rémontrances à Sa Majesté pour en avoir le remboursement du Tresorier de l'Extraordinaire des guerres, afin de ne pas tomber dans l'inconvenient de payer deux fois la même chose.

Le mandement fut ensuite expedié, & le payement fait sous cette protestation, qui conserve les droits du Païs dans son entier ; il étoit nécessaire cependant de raporter ce fait dans la presente Assemblée, afin qu'elle puisse agir en conformité, si elle le juge à propos.

ESCLAPON ET PIBRESSON.

De l'affaire contre les Seigneurs desd. lieux nouvellement affoüagés, qui refusent de payer la taille des biens par eux possedés compris dans ledit affoüagement.

Il fut fait mention dans la precedente Assemblée à la page 73. du cayer imprimé, des deux affaires qui concernent les possedans-biens dans les terroirs d'Esclapon & de Pibresson nouvellement affoüagés, contre les Seigneurs de ces deux lieux, où il s'agit de sçavoir si ceux-ci doivent payer la taille depuis le nouvel affoüagement, des biens que leurs Auteurs avoient anciennement donnés à nouveau bail, & qui ont été ensuite repris par achat ou par droit de prelation; les possedans biens dans ces deux terroirs qui ont payé comme contraints la taille de ces biens-là, prétendant être en droit de la repéter & d'être affranchis de la payer à l'avenir, ayant demandé là-dessus l'intervention & le secours du Païs.

Sur la proposition qui fut faite dans la précedente Assemblée, elle délibera qu'avant que d'entrer en procès avec Mrs. d'Ilnard & de Villeneuve Ramatuelle, Seigneurs d'Esclapon, & avec Mr. le Marquis de Trans, Seigneur de Pibresson, Messieurs les Procureurs du Pays feroient proposer à ces Messieurs la voye de l'arbitrage, & que dans le cas où cette affaire ne pourroit pas être terminée par cette voye, il seroit presenté Requête au nom du Pays, pour obliger les Seigneurs de ces de ces deux lieux inhabitez, à payer la taille des biens roturiers par eux possedez & compris dans le procès verbal de l'Affoüagement, tant pour le passé que pour l'avenir.

Mrs d'Isnard & de Villeneuve Ramatuelle, témoignerent vouloir se prêter à un accommodement, & écrivirent à cet effet au sieur Assesseur; mais comme ces propositions n'eurent aucune suite de leur part, les possedans biens au terroir d'Esclapon firent assigner Messieurs les Procureurs du Païs en assistance de cause & garantie, dans le procès qu'ils avoient introduit à la Cour des Aydes contre leurs deux Seigneurs, insistant toûjours a rejetter sur eux le contingent de la taille, jusques au concurrent des biens qu'ils possedent en roture, ou à être dechargés proportionnellement de leur foüage, n'étant pas juste qu'ils continuent de payer pour autrui, ce qu'ils ne doivent pas, sans quoi ils seroient contraints de deguerpir.

Après cette assignation en garantie dont Mrs. les Procureurs du Pays ont fait part à Mrs. d'Isnard & de Villeneuve Ramatuelle, on avoit repris les propositions d'accommodement : mais n'ayant pû convenir avec les possedans fiefs sur le choix des Arbitres; & Mr de Villeneuve, qui étoit venu à Aix chargé des pouvoirs, & Mr. d'Isnard s'étant retirés, on n'a plus entendu parler d'arbitrage, qu'on tâchera pourtant de renoüer, & les possedans biens continuent toûjours leurs poursuites à la Cour des Aydes, où le Pays est forcé de se deffendre, & de soûtenir les possesseurs dans leur pretention.

Quant à Mr le Marquis de Trans Seigneur de Pibresson, il n'a fait aucune proposition d'arbitrage; & par une route bien opposée, il a fait signifier à Messieurs les Procureurs du Pays deux divers comparans, tendant à une prétenduë compensation, qui, outre qu'elle ne pourroit pas avoir un effet retroactif, est même très-inutile & hors de saison, comme on l'a fait voir par la réponse à ces comparans, & les choses se trouvent encore sur ce pied-là

TOULON.

Du Logement & places de fourrage de Mr de la Villeurnoy, Commissaire provincial des guerres, dont la Cōmunauté de Toulon qui n'en avoit fait le payement pour 1738. qu'en cette année 1739. aprés la liquidation close, & mandoit le rē.

Mr. de la Villeurnoy, Commissaire Provincial employé en Corse pour le service du Roy, ayant demandé à M. d'Angervilliers, Ministre de la Guerre, un ordre aux Consuls de Toulon de lui payer sans difficulté son logemennt & ses places de fourrage pour l'année 1738. attendu qu'étant absent pour le service de Sa Majesté, il devoit être censé present; le Ministre envoya un ordre en conformité aux Consuls de Toulon, qui avant que de faire ce payement, consulterent à la verité Messieurs les Procureurs du Pays; & sur la promesse qu'on leur fit de les faire rembourser par le Pays, ils payerent sur l'acquit de Mr. de la Villeurnoy la somme de dix-huit cent quatre-vingt-quinze livres ; mais le payement ne fut fait qu'en la presente année 1739. après qu'on avoit procedé à la liquidation de la dépense des Troupes pour l'année 1738. par la cloture de laquelle il paroissoit que le Pays avoit excedé dans la dépense treize mille sept cent quarante sept livres dix-neuf sols six deniers, & qu'ainsi il étoit en avance de cette somme.

bourſement, qui ne doit lui être fait qu'en 1740.

Cependant quoique Messieurs les Procureurs du Pays n'eussent promis de rembourser la Communauté de Toulon que relativement au droit commun & à l'usage ordinaire, suivant lequel le Pays ne rembourse que l'année après le payement ; c'est-à-dire, en 1740. ce qui est payé en 1739. néanmoins les Consuls de Toulon demanderent avec beaucoup de vivacité leur remboursement actuel ; & comme on les renvoya à la prochaine liquidation, qui se devoit faire au mois de Fevrier ou de Mars 1740. ils s'en plaignirent fort indiscretement au Ministre de la Guerre, auquel ils presenterent un Placet pour obtenir un ordre de les payer sur le champ, alleguant pour principal pretexte que dans la derniere Assemblée le Pays ayant imposé pour la dépense des Troupes de l'année 1738. dont le logement de Mr de la Villeurnoy faisoit partie, & la Communauté de

Toulon ayant acquitté exactement son contingent, le fonds étoit fait, & devoit se trouver dans la caisse du Pays; d'où ils concluoient qu'en refusant de les rembourser, on les obligeoit de payer deux fois dans une même année le même logement; l'un à Mr de la Villeurnoy, l'autre par le moyen de l'imposition que le Pays avoit fait dans la derniere Assemblée.

Ce placet ayant été renvoyé à M. de la Tour qui eut la bonté de le communiquer à Messieurs les Procureurs du Pays, ils y répondirent par un memoire contenant leurs raisons, & ils firent voir que la Communauté de Toulon ne pouvoit point prétendre son remboursement par anticipation; qu'elle n'avoit payé cette somme à Mr de la Villeurnoy, qu'après la liquidation close & consommée; qu'on n'avoit pas pû par consequent y comprendre un payement qui n'étoit pas encore fait; qu'il falloit necessairement attendre la liquidation de l'année prochaine pour repeter cette dépense faite dans le courant de l'année 1739. quoiqu'elle eût pour objet un logement de 1738. parceque ce n'étoit jamais que la datte du payement, & non celle de la créance qui déterminoit en ces matieres; que d'ailleurs la Communauté de Toulon n'avoit de rien souffert en cette occasion, puisqu'elle n'avoit deboursé les deniers qu'en l'année 1739. & qu'ainsi elle ne pouvoit pas dire qu'elle eût été privée des interêts pendant l'année 1738. qu'enfin paroissant par la liquidation faite en 1739. pour 1738. que le Pays bien loin d'avoir du fonds en main, étoit en avance, pour avoir plus dépensé que reçû, de la somme de treize mille sept cent quarante sept livres dix-neuf sols six deniers, cette Communauté avoit d'autant plus mauvaise grace de se plaindre, ne lui convenant pas d'ailleurs de fatiguer les oreilles du Ministre, dans le tems qu'elle pouvoit former sa demande à la presente Assemblée generale.

Les raisons du Pays ont été apparemment goûtées du Ministre, puisque Messieurs les Procureurs du Pays n'ont reçu aucun ordre de rembourser actuellement la Communauté de Toulon, ils ont cru cependant qu'il étoit necessaire d'informer l'Assemblée des demarches de ces Consuls, pour ne lui rien laisser ignorer de ce qui s'est passé dans le cours de cette année.

RIANS.

De l'intervention accordée à cette Communauté, au procès qu'elle a contre Mr le Conseiller de la Molle, au sujet de la demande du lods de la vente d'un bois taillis.

Il s'éleve tous les jours des contestations entre les Seigneurs Directs de ce Pays & leurs Emphiteotes, pour sçavoir s'il est dû un droit de lods de la vente des bois taillis que l'on coupe de quinze en quinze ans, ou de vingt en vingt ans; cette question s'est presentée en dernier lieu entre Mr de Gautier de la Molle Conseiller au Parlement, & la Communauté de Rians prenant le fait & cause d'Antoine Léet, auquel elle a vendu par acte du 25. Octobre 1738. le bois taillis du defens de Font-salade, dont elle avoit vendu auparavant la coupe à d'autres particuliers, par actes des 15. mars 1720. 18. may 1701. & autres anterieurs.

Le Seigneur direct ayant demandé le lods de cette vente à l'acquereur, la Communauté de Rians, qui auroit été sa garante, consulta Mr. Saurin Avocat, pour s'eclaircir de son droit, & par sa Consultation du 23. Janvier 1739. il fut d'avis que cette demande n'étoit pas fondée; & en effet, quoique par la Jurisprudence particuliere de ce Pays, contraire à celle du Parlement de Paris, & de plusieurs autres Parlemens du Royaume, il soit dû un droit de lods pour la vente des bois de haute futaye, parce qu'on les regarde comme une espece d'immeubles faisant partie du fonds; il n'en est pas de même de la coupe d'un bois taillis, qui est regardé comme fruit, & qui est sujet à revenuë; c'est aussi la raison pour laquelle de pareilles ventes n'ont jamais été sujettes à un droit de lods, étant même avantageuses aux Seigneurs directs, en ce qu'elles rendent le fonds plus precieux, par la facilité qu'a le proprietaire d'en retirer un revenu de dix ou de quinze en quinze ans.

Sur ces principes, la Communauté de Rians ayant pris le fait & cause de son acheteur, &

obtenu une permission de plaider de M. l'Intendant, elle a poursuivi ce procès pardevant le Lieutenant general au Siege d'Aix, & ayant été deboutée par une Sentence qui condamne ce particulier au payement du lods, elle en a appellé pardevant la Cour de Parlement où l'instance est pendante.

En cause d'apel elle a demandé l'intervention du Pays qui lui a été accordée aux formes ordinaires, par deliberation d'une Assemblée particuliere du 16. Août dernier, avec d'autant plus de raison, qu'il s'agit d'une affaire generale qui interesse toutes les Communautez du Pays, le même cas pouvant se presenter tous les jours, & y ayant même actuellement des contestations semblables avec la Communauté d'Auriol, celle de Fos-Amphous & quelques autres.

Du Recuëil des Arrêts rendus en faveur des Seigneurs féodataires, dont la compilation a été faite par ordre de Mrs de la Noblesse.

On croit devoir informer l'Assemblée qu'il est tombé entre les mains de Messieurs les Procureurs du Pays, un exemplaire imprimé d'une nouvelle compilation d'Arrêts, faite par ordre de la Noblesse, contenant un recuëil de quelques décisions qu'on a crû favorables aux Seigneurs féodataires, d'où l'on s'est imaginé de tirer des préjugez dans l'occasion, pour les opposer aux Communautez du Pays qui ont fort souvent des interêts à demêler avec les membres de ce Corps.

On s'eſt apperçû en examinant cette compilation, qu'on n'a point rapellé les circonſtances de chaque fait, ni les deffenſes des parties, qui eſt ce qui determine les motifs d'un Arrêt, & qu'en raportant nuëment le diſpoſitif & les qualitez, on a mis à la tête de chaque article un eſpece de ſommaire qui n'eſt pas toûjours entierement conforme avec le texte, ce qui ſeroit capable d'induire en erreur ceux qui ne prendroient pas ſoin d'aprofondir les deciſions dont ce Recuëil eſt composé.

Pardeſſus ce deffaut qui eſt general, le Compilateur s'eſt attaché à ne faire mention que des Arrêts ſoit du Parlement ou de la Chambre des Comptes & autres Juriſdictions, qui ſont à l'avantage des Seigneurs féodataires, & qui ſont quelquefois contrebalancez par une juriſprudence oppoſée; on en trouve quelques exemples dans ce Recuëil dont il ſeroit trop long de faire ici le détail; on n'en raportera qu'un ſeul, par où l'on pourra juger de tous les autres; il eſt raporté à la page *66*. c'eſt l'Arrêt de la Cour de Parlement du *26*. Mars *1722*. qui oblige les Conſuls & Communauté du Biot à remettre au Greffe de la Juriſdiction du Sg[r]. les raports qui avoient été remis riere le Greffe de la Communauté, & fait deffenſes au Greffier de la Communauté d'en recevoir à l'avenir. Cependant cet Arrêt qui fut rendu ſans connoiſſance de cauſe,

dans

dans un tems où l'on se ressentoit encore du trouble & des horreurs de la contagion, se trouve couvert & anéanti par un Arrêt posterieur de la même Cour, du 6. Novembre 1731. rendu en contradictoires deffenses, & avec l'intervention de Messieurs les Procureurs du Pays, en faveur de la Communauté de Brignolle, qui la maintient dans le droit de faire exercer le Greffe de l'écritoire, & d'y faire remettre tous les raports des Experts & des Estimateurs, avec injonction aux Greffiers de la jurisdiction de remettre dans trois jours à celui de la Communauté, tous les raports qu'ils avoient à leur pouvoir.

Ceux qui ignoroient ce dernier Arrêt qu'on n'a ëu garde d'inserer dans cette nouvelle compilation, pourroient s'abuser & se laisser éblouir par le premier prejugé; c'est aussi pour parvenir à rétablir la regle sur ce point par une Jurisprudence uniforme, que dans la derniere Assemblée tenuë au mois de Janvier 1739. il fut déliberé que le Pays donneroit son intervention aux Communautés dans toutes les affaires semblables, sans distinguer si la contention étoit élevée avec les Greffiers des Jurisdictions Royales, ou avec ceux des Jurisdictions des Seigneurs; parce qu'en effet les Offices de Greffiers de l'Ecritoire ayant été acquis à titre onereux par le corps des Communautés du Pays, sans que la Noblesse ait contribué le moins du monde à cet abonnement, il eſt bien juſte que les Communautés joüiſſent ſeules du fruit de leur acquiſition.

On pourroit citer d'autres exemples tirez de la même Compilation, qu'il ſeroit inutile de diſcuter ici, où la Juriſprudence a changé ſelon les diverſes circonſtances des tems; c'eſt pourquoi il ſeroit d'une grande utilité pour le Pays d'oppoſer une autre Compilation à celle-là, qui fût beaucoup plus exacte, & où l'on rapoitât avec ſoin les diverſes circonſtances du fait, & les raiſons reſpectives des parties, afin qu'on pût faire une juſte application de chaque prejugé, & fixer la veritable Juriſprudence qu'on doit ſuivre ſur les affaires qui peuvent intereſſer les Communautés du Pays en general & en particulier. Dans cette vûë on pourroit, ſi l'Aſſemblée le jugeoit à propos, jetter les yeux ſur quelque plume habile & verſée dans la connoiſſance du Droit & de l'uſage du Barreau, en tâchant de l'engager ſous un honoraire convenable, à compiler ſoigneuſement les Arrêts notables des deux Cours, rendus en divers tems au profit des Communautés du Pays, & qui ne ſe trouvent point rapoitez ailleurs, pour faire enſuite imprimer ce recueïl aux dépens du Pays; à l'effet de quoi tous les Chefs de Viguerie ſeroient chargez d'avertir les Communautés de leur Reſſort, d'amaſſer tous les préjugés qu'elles pourroient avoir en leur faveur, & de les envoyer avec les pieces au Greffe du Pays, pour être remis à la personne qui seroit choisie, afin de lui servir d'instruction & de faciliter son travail.

PAPIER TERRIER.

De l'Ordonnance de M. l'Intendant, qui soûmet les possesseurs des biens en Franc-Aleu, à en faire leurs déclarations, & les reconnoitre sous la mouvance & directe de Sa Majesté, à moins qu'ils ne justifient de leurs titres.

Il est tems de venir à la principale affaire qui doit occuper l'Assemblée, & qui est telle qu'il ne s'en est jamais presenté de plus capitale, puisque de là dépend la liberté ou la servitude des biens de ce Pays.

On n'a jamais douté que la Provence ne soit un Pays de Franc-Aleu de nature; le Roy n'y a jamais eu la Directe universelle, & elle a toûjours joüi de cette franchise nonobstant les diverses attaques qu'elle a été obligée de soûtenir pour la manutention de ses privileges. Ce n'est pas ici le lieu de discuter cette matiere qui l'a été fort amplement dans un traité fait exprès, où l'on voit l'origine & les progrès de ce Droit precieux que les Comtes de Provence nous ont conservé en donnant ce Pays à Loüis XI. & aux Rois ses successeurs, à la charge d'entretenir toutes ses franchises & ses immunitez. Les preuves qui établissent ce droit de Franc-Aleu de nature, ont été reduites en abregé dans une Requête que Mrs les Procureurs du Pays ont eu l'honneur de presenter en dernier lieu à M. l'Intendant, Commissaire du

Domaine, à l'occasion de son Ordonnance du premier Juillet dernier pour la confection du nouveau Papier Terrier en Provence, où dans l'article VII. on soûmet les particuliers & les Communautez possedans biens tant en fief qu'en roture, qui pretendent les tenir en Franc-Aleu noble ou roturier, & les possesseurs des biens & heritages qui ne sont soûmis à aucunes censes ni envers le Roy, ni envers aucun autre Seigneur particulier, en quelque endroit de Provence qu'ils soient situez, excepté dans les lieux où la directe universelle apartient aux Seigneurs des Fiefs, à les reconnoître sous la mouvance & directe immediate de Sa Majesté, & d'en passer leurs declarations à leurs frais & dépens, encore qu'ils les eussent declarez être en Franc-Aleu, à moins qu'ils ne justifient d'une faculté de les posseder comme tels en vertu de quelques privileges accordez à eux ou à leurs auteurs, ou en general aux Communautés dans l'étenduë du territoire desquelles les biens se trouveront situez; l'article VIII. reglant ensuite l'endroit où les declarations doivent être faites par raport à la diversité des privileges.

Messieurs les Procureurs du Pays s'étoient flatés qu'après que dans la derniere recherche faite pour le même sujet en 1728. les Ordonnances de feu M. Lebret, semblables à celle-ci, n'eurent point de ſuite ni d'execution, M. de la Tour voudroit bien ſtatuer ſur leur Requête d'une maniere avantageuſe pour le Pays, en faiſant droit à l'oppoſition qu'ils avoient formée à ſon Ordonnance: ils avoient d'autant plus de lieu de s'en flatter, que la ville de Marſeille avoit été maintenuë dans le Franc-a'eu par un Arrêt contradictoire du Conſeil de l'année 1694. & que le Languedoc, qui eſt auſſi regi par le Droit-écrit, comme la Provence, & qui a peut-être moins de privileges, avoit été declaré Pays de Francaleu de nature par deux Arrêts du Conſeil des 27. Mai 1667. & 17. Août 1694.

Cependant comme le Fermier du Domaine avoit remis à M. de la Tour entr'autres un Arrêt du Conſeil ſur Requête du 4. Décembre 1731. ni ſignifié, ni executé, portant que ſans s'arrêter à la Requête des Procureurs du Pays, tendante à ſurſeoi, il ſeroit paſſé outre à l'execution des Ordonnances de M. Lebret; M. de la Tour a crû qu'étant ſubrogé & commis à la place de feu M. Lebret pour l'execution des Lettres-Patentes du 26. Août 1727. & des Arrêts rendus en conſequence, il ne pouvoit ni connoître de l'oppoſition à ſes Ordonnances, ni en ſurſeoir l'execution; & par une Ordonnance du 12. Octobre dernier, miſe au bas de la Requête du Pays, il a ordonné l'execution de ſes Ordonnances des premier & 5. Juillet precedens, selon leur forme & teneur, en reservant au Pays de se pourvoir au Conseil pour faire décider cette contestation.

Messieurs les Procureurs du Pays ont fait imprimer cette Requête, avec l'Ordonnance de M. de la Tour, afin de donner connoissance aux Communautés des diligences qu'ils ont faites, des motifs de leurs oppositions, & de la décision de M. l'Intendant, en sorte qu'elles pussent prendre des justes mesures sur la conduite qu'elles doivent tenir.

La plûpart des Communautés de ce Pays qui attendoient le jugement de cette opposition aux Ordonnances de M. de la Tour, se reposant sur cette démarche de Mrs. les Procureurs du Pays, n'ont point fourni de declaration au Papier-Terrier, non plus que les particuliers qui composent ces Communautés; il ne reste plus maintenant d'autre voye à prendre que celle de se pourvoir au Conseil, ou de faire de très-humbles remontrances à Sa Majesté, pour faire ordonner l'execution, au profit de ce Pays, des Lettres-Patentes accordées en forme d'Edit par le feu Roy de glorieuse mémoire, dans le mois de May 1656. ensuite de l'avis de Messieurs les Procureurs Generaux au Parlement & à la Chambre des Comptes, par lesquelles les Communautez & les habitans de Provence sont maintenus dans le droit de continuer la joüissance du Droit écrit, & de posseder leurs biens en Franc-Alleu; des secondes Lettres Patentes confirmatives des precedentes, données au mois de Mars 1660. & de la Declaration du Roy du 11. Octobre suivant, de même que de l'Arrêt du Conseil du 2. Mars 1694. qui decharge les habitans de ce Pays des taxes pour la confirmation du Franc-Alleu.

Tous ces titres, & les autres qui ont été exposez dans la Requête du Pays, doivent produire cet effet auprès du Roy, de nous affranchir de la recherche du Fermier de son Domaine pour le Papier Terrier; & l'Assemblée pourra deliberer dans la suite sur les moyens les plus efficaces qui sont à prendre pour y parvenir, en faisant attention qu'on n'agita jamais en ce lieu aucune affaire d'une plus grande consequence pour le Pays.

CONTROLLE des Actes & 100e. denier.

Ils ont eu l'honneur de presenter diverses Requêtes à M. l'Intendant, au sujet de divers droits de Controlle & Centiéme denier, que l'on continuë de lever dans le Pays, sans aucun titre, & même contre la disposition des Tarifs & des Reglemens.

Cas d'un Immeuble constitué

Le premier article regarde un droit de centié-

ne dot à la fille par le pere, qu'on veut soûmettre au 100e. denier.

me denier, que le Fermier fait exiger dans tout le Pays des Contrats de mariage. où un pere mariant sa fille, lui constituë en dot un bien immeuble que l'on aprecie à une certaine somme, il supose que par cette fixation du prix le mari devenant acheteur & maître, il doit être regardé comme veritable proprietaire, ou dumoins que le fonds n'est que subsidiairement dotal, & qu'ainsi il est dû un droit de Centieme denier pour cette espece de transport, parce que, selon lui, le bien a changé de nature & n'est plus censé venir de la ligne directe, étant sur la tête du mari qui est une personne étrangere.

A la faveur de cette subtilité on force les habitans de ce Pays à payer ce droit, ce qui produit un grand mal, par la quantité prodigieuse de Contrats de mariage qui se trouvent dans ce cas. Mrs les Procureurs du Pays ont fortement debattu cette pretention par une Requête où toutes les raisons du Pays ont été mises dans leur jour, où l'on a demandé des inhibitions contre le Fermier d'exiger ce droit à l'avenir, & la restitution de ce qu'il a perçû par le passé; cette Requête ayant été communiquée depuis un fort long tems au Directeur, il s'est raporté pour toute réponse à un Memoire qu'il a suposé d'avoir remis à M. l'Intendans, sans qu'il ait été possible à Messieurs les Procureurs du Pays de voir ce pretendu Memoi-

re

re qu'on n'a point trouvé au Bureau de l'Intendance ni ailleurs, & sans qu'on ait pû obliger le Directeur à le rétablir & à le refaire, en sorte qu'on ne peut avoir aucune connoissance de ses raisons, tandis qu'il est instruit de celles du Pays, & cependant les induës exactions continuent toûjours.

Cas des immeubles desemparés en payement d'une dot constituée en deniers, soit dans le même contrat, ou par un acte subsequent, dont le Fermier prétend & fait exiger le Centiéme denier.

Le second article qui est contentieux avec le Fermier, regarde les Contrats de mariage dans lesquels un pere ou une mere, après avoir constitué une dot en deniers à leur fille, lui desempare, soit dans le même contrat ou dans un acte subsequent, des biens immeubles en payement de cette dot; le Fermier prétend encore exiger dans l'un & dans l'autre cas, & il fait exiger en effet un droit de Centiéme denier, qu'il contraint de payer par la force des executions, non seulement contre toute justice, mais encore au mépris de diverses Ordonnances de M. l'Intendant, qui ont decidé precisement la question contre lui, & entr'autres celle qu'il rendit le 6. Avril 1737. en faveur du sieur Joseph Boulet Ecrivain de Roy à Toulon; ces diverses Ordonnances qui devroient être des titres respectables pour le Fermier, ont été raportées dans les Requêtes du Pays où la question a été d'ailleurs traitée d'une maniere qui ne souffre point de replique.

Cas des petites Fermes des Communautez, dont le Fermier prétend le droit de Controlle pour des Encheres qu'on n'a jamais faites.

On ne parle point ici de divers autres articles également importants, sur lesquels M. l'Intendant doit donner sa décision; mais on ne doit pas omettre la Requête que Messieurs les Procureurs du Pays ont eu l'honneur de lui presenter pour faire statuer sur deux points essentiels: le premier est de sçavoir si le Fermier est fondé à prétendre, comme il a fait contre la Communauté de Draguignan & plusieurs autres, des arrerages de droit de Controlle des encheres des baux à ferme des Communautez, lorsque ce sont de petites fermes pour lesquelles il n'a jamais été fait d'encheres depuis qu'elles ont été introduites.

Cas de la prétention des droits de Controlle, Insinuation & Centiéme denier au delà de 20. ans.

Un second point qui est infiniment plus considerable, regarde une autre prétention du Fermier d'exiger les droits de Controlle, Insinuation & Centiéme dénier, au delà de vingt & trente ans, sous pretexte que ces anciens droits ont été negligés ou recelés, & qu'ils sont donnez par chaque bail au Fermier actuel, prétention qui repugne à toutes les regles de l'équité & de la justice, condamnée même par le nouveau bail de Jacques Forceville, tout avantageux qu'il est à ce Fermier, car il porte des deffenses à l'article 135. de faire des recherches pour de pareils droits, au delà de vingt années avant la demande, ce qui est même un terme trop reculé, comme on l'a établi dans les Requêtes du Pays.

On attend avec confiance la décision de M. l'Intendant sur toutes ces questions generales, & sur plusieurs autres qui ne sçauroient être plus interessantes pour le Pays.

BESSE.

Secours demandez par cette Communauté, à l'occasion de la maladie populaire dont elle a été affligée.

Messieurs les Procureurs du Pays reçûrent, il n'y a pas long tems, une lettre des Consuls de Besse du 25. Septembre dernier, par laquelle ils leur exposerent d'une maniere fort pathetique que leurs habitans se trouvoient dans un état pitoyable par des fiévres violentes & opiniâtres qui avoient affligé tout le lieu, à l'exception d'une seule famille; que les maladies populaires avoient repris avec plus de force qu'auparavant; que deux Chirurgiens établis dans le lieu, ayant ressenti les atteintes de ce mal, on avoit été forcé d'en appeller d'étrangers avec un Medecin; que les trois Prêtres qui desservent cette Parroisse, étoient tombez dangereusement malades tout à la fois; qu'ils craignoient que cette calamité n'eût des suites facheuses; que la plus grande partie des fruits de la campagne perissoient par la cessation des travaux; que la plûpart des habitans avoient consumé dans un lit ce qu'ils avoient amassé pendant toute l'année, & que néanmoins le Tresorier ne laissoit pas de les forcer à payer la taille; & ils concluoient leur lettre en disant d'une maniere vague qu'ils esperoient qu'on ne les laisseroit pas sans secours & sans consolation.

A la reception de cette lettre il fut convoqué une assemblée particuliere, & suivant la deliberation qui y fut prise, Messieurs les Procureurs du Pays écrivirent en réponse aux Consuls qu'ils ne s'étoient pas assez expliquez dans leur lettre ni sur la qualité de cette maladie generale, ni sur l'espece de secours qu'ils demandoient; qu'ils devoient leur marquer précisement s'il y avoit de la malignité mêlée dans ces fiévres; si on pouvoit craindre qu'elles n'eussent quelque chose de contagieux; & enfin s'ils demandoient du secours en bled, en argent ou en remedes; que sur leur réponse on soulageroit leurs besoins, & on leur offrit alternativement de leur envoyer tous ces secours, veritablement à la charge que le Pays en seroit remboursé dans la suite, lorsque les habitans auroient repris de nouvelles forces, parce qu'en effet il n'est ni en état ni en usage de fournir du sien à toutes les Communautez affligées de quelque malheur; on leur conseilla même d'interesser en cette rencontre la charité de Monseigneur le Cardinal qui veille sans cesse pour les besoins de l'Etat & pour ceux de ce Pays en particulier.

Les Consuls de Besse répondirent à cette lettre par une seconde du 10. Octobre qui n'étoit guere moins obscure que la premiere : ils aprirent à la verité à Messieurs les Procureurs du Pays que les fiévres dont ils étoient attaqués n'étoient pas mortelles, mais qu'elles se communiquoient dans une même famille, ce qui n'est pas surprenant; au surplus ils se tinrent sur les discours generaux, en continuant de dire qu'ils esperoient que Mrs les Procureurs du Pays ne les abandonneroient pas dans un état si triste, sans demander des secours d'une espece precise, faisant entendre par là qu'ils n'en vouloient point aux conditions qu'on leur avoit offertes.

On n'avoit plus entendu parler de cette affaire, lorsque M. de la Tour a fait l'honneur à Mrs. les Procureurs du Pays de leur communiquer une lettre que Monseigneur le Cardinal avoit reçûë des Consuls de Besse, dattée du 12. Octobre, dans laquelle ils rapellent tous leurs maux, en remontant aux dommages que cette Communauté souffrit en l'année 1707. par l'incursion des ennemis de l'Etat, quoiqu'elle eût reçû des indemnitez à cette occasion, comme les autres Communautez de cette contrée; ils exposent encore dans cette lettre le fleau de la contagion, les maladies populaires, la grele & les innondations arrivées dans leur terroir par les pluyes abondantes & rapides tombées dans le mois d'Août, ce qui sont des disgraces generales & communes dans le Pays, si on en excepte ces fievres & ces maladies populaires particulieres à cette Communauté. Ils ajoûtent que de quatorze cent ames de communion qu'il y avoit dans leur Village, ce nombre est reduit aujourd'hui à la moitié, tandis qu'il y a bien d'autres lieux dans ce Pays où le nombre des habitans est diminué de plus des deux tiers, à cause des frequentes surcharges, & ils finissent leurs representations à son Eminence en la supliant par les bontés singulieres dont elle honnore ce Pays, d'engager Messieurs les Procureurs du Pays à décharger cette Communauté des anciens arrerages qu'elle doit des deniers du Roy & du Pays, pour lesquels elle paye toutes les années mille livres à compte sur le pied de cent livres par feu.

Quand Mrs les Procureurs du Pays ont insinué aux Consuls de Besse d'implorer la pitié de Monseigneur le Cardinal, c'étoit pour obtenir quelque secours du Roy, & non du Pays qui n'a pas coûtume de faire une remise des anciens arrerages dûs par les Communautez, non pas même dans des circonstances plus favorables que celles où se trouve la Communauté de Besse; on a été bien aise cependant de faire sçavoir à l'Assemblée la prétention de cette Communauté, afin qu'on puisse deliberer là-dessus.

HOPITAUX.

De l'Arrêt du Conseil qui soûmet au droit de Controlle les De-

Personne n'ignore l'Arrêt du Conseil d'Etat du 3. Mars dernier, qui soûmet au droit de Controlle les deliberations prises pour l'administration temporelle & exterieure des Hôpitaux, ausquelles des personnes tierces sont intervenuës depuis le 10. Octobre 1724. & qu'à l'avenir les Greffiers, Secretaires & Administrateurs seront tenus de faire controller tous ces actes dans la quinzaine du jour de leur datte, à peine de nullité & de deux cens livres d'amende pour chaque Deliberation qu'on n'aura point fait controller dans ce delai.

liberations prises pour leur administration temporelle.

Messieurs les Recteurs des trois Hôpitaux generaux St Jacques, la Misericorde & la Charité de la ville d'Aix, ont fait de très-humbles remontrances pour faire revoquer cet Arrêt rendu sans les entendre, à l'occasion d'un different survenu entre quelques Chapitres & les Fermiers du Controlle, qui avoit donné lieu à Mrs les Agens generaux du Clergé d'intervenir pour l'interêt de ces Chapitres, & qui n'avoit nul raport avec l'administration temporelle des Hôpitaux, dont il n'étoit pas question dans ce different, & néanmoins on n'avoit pas laissé de les y comprendre à leur insçû.

On a representé pour les Hôpitaux qu'il y avoit une difference totale entre les Actes Capitulaires reçûs par les Secretaires & Greffiers des Chapitres des Eglises Cathedrales ou Collegiales, & les Recteurs & Administrateurs des Hôpitaux qui n'ont d'autre lien que la charité, & qui exerçant un ministere libre & sans salaire, ne voudroient pas s'exposer gratuitement à des amendes en cas de contravention ; que d'ailleurs le Roy ne pouvoit pas avoir entendu de faire lever des droits de Controlle sur la propre substance des pauvres ; que nul Reglement ni tarif n'avoit jamais soûmis au Controlle les deliberations prises pour l'administration des Hôpitaux qui est toute temporelle ; que les besoins des pauvres ne sont fournis que par des personnes tierces & étrangeres, avec qui l'on fait des marchés, ou de qui l'on reçoit des prêts ou des aumônes, dont souvent les auteurs ne veulent pas être connus ; qu'ainsi presque toutes les deliberations seroient sujettes à controlle, ce qui seroit ruineux pour les maisons Hospitalieres que la seule charité d'autrui fait subsister ; que d'ailleurs cela manifesteroit le secret de ces Oeuvres pieuses, les détruiroit entierement & feroit tarir la source des aumônes ; que la faveur des pauvres avoit porté la pieté du Roy à exempter ces sortes de maisons de tous droits d'Amortissemens, Francfiefs & Nouveaux acquets, Subsides, Entrées des Villes, Reves, Decimes, Dons gratuits, Tailles personnelles, Dixiéme & Huitiéme denier, droits de Greffes, Franc-salé & autres ; que si on soûmettoit les Hôpitaux à des droits onereux de Controlle, & à payer encore des arrerages, il ne seroit pas possible d'en soûtenir l'administration, & que par là les Pauvres malades, les Orphelins, les Invalides, les Enfans exposez, les Incurables, seroient abandonnez & privez de tout secours, & l'on l'on ne trouveroit plus dans les principales Villes du Royaume, les ressources que le Roy trouve dans les Hôpitaux pour la guerison des Soldats malades, & enfin que les miserables n'ayant plus d'azile ni de secours, leurs maux degenereroient en maladies populaires, capables d'infecter la plûpart des lieux de ce Pays.

Le Conseil de Sa Majesté n'a pas encore pourvû sur la plainte des trois Hôpitaux de la ville d'Aix, & le Fermier à l'échéance du délai de six mois qui leur avoit été donné, s'est mis en mouvement pour faire executer l'Arrêt qui a été rendu au seul profit du Fermier, six mois après la passation de son bail.

Cette demande a excité l'attention, non seulement des trois Hôpitaux generaux de la ville d'Aix, mais encore de tous les autres Hôpitaux de ce Pays, qui de commun accord se sont adressez à Mrs les Procureurs du Pays pour reclamer leur aide, en leur remontrant que ces retraites pieuses qui étoient la ressource des miserables, ne trouveroient plus bientôt d'Administrateurs, & seroient desertes & abandonnées, ce qui ne pourroit pas manquer de troubler la tranquilité & même la sureté publique.

Dans ces facheuses extremitez, ils ont conjuré Messieurs les Procureurs du Pays de joindre les remonstrances du Pays à celles des Hôpitaux, & de concourir tous ensemble pour les delivrer de cette recherche, ce qui sera examiné en deliberant sur cette affaire importante.

CAPITATION.

Remise en faveur du Pays sur l'augmentation qu'il a plû au Roy de continuer d'ordonner, & employ en remboursemens de ses créanciers.

Le Roy ayant continué d'ordonner une augmentation sur la Capitation de la presente année 1739. avec la destination d'une remise de cette quotité en faveur du Pays, pour en acquiter des capitaux de ses dettes, Messieurs les Procureurs du Pays ont eu la même attention que l'année derniere à employer cette remise à sa destination par le remboursement qu'ils ont fait de soixante-neuf mille sept cent trente-une livres onze sols neuf deniers d'un côté, & les assignations qu'ils ont fait donner au 16. & au 19. Decembre prochain, pour soixante-neuf mille neuf cent quarante-huit livres douze sols onze deniers d'autre, ce qui revient à cent trente-neuf mille six cent quatre vingt livres quatre sols huit deniers, en plusieurs capitaux qui se trouveront acquitez à divers créanciers du Pays, & pour répondre d'autant plus aux desirs de Sa Majesté, il a été encore remboursé par leur économie d'autres sommes pardessus celle dont on vient de parler.

DIXIE'ME & Capitation.

Trois sols pour livre des Epices

Me Loüis Teissier subrogé aux droits de Gregoire Carlier, ci-devant Sou-fermier des Domaines & droits y joints, avoit prétendu de soûmettre le Pays au droit de trois sols pour livre des épices des comptes de la Capitation, & du dixiéme pendant le tems que cette imposition a duré, ce qui donna lieu à une contestation portée par Mrs les Procureurs du Pays pardevant M. l'Intendant, où ils firent voir que suivant l'article XII. de la Declaration du Roy du 17. Novembre 1733. les Tresoriers tant particuliers que generaux devant compter de leur recouvrement de la même forme & maniere ordonnée par les Declarations de Sa Majesté pour le recouvrement de la Capitation; & d'autre part la Declaration du Roy du 19. Avril 1695. pour l'établissement de la Capitation generale article XX. de même que les Declarations subsequentes des 27. Mars 1696. 4. Juin 1697. 21. Juin 1698. & 12. Mars 1701. ayant ordonné que les épices des comptes de la Capitation seront payez du fond de la recette, de la même maniere que les épices dont le fond est laissé dans les Etats du Roy, il s'ensuivoit de cette disposition litterale, que les épices des comptes de la Capitation, aussi bien que celles du Dixiéme, qui sont de même nature, étoient exemptes du payement des trois sols pour livre, puisqu'il est certain que les épices dont le Roy fait le fond, sont affranchies de ce droit; qu'aussi on n'avoit jamais élevé jusqu'aujourd'hui une demande si extraordinaire.

des comptes de ces Impositions, prétendus par le Sou-Fermier, dont il a été debouté par Ordonnance de M. l'Intendant.

Ces raiſons ont été trouvées ſi juſtes, que M. l'Intendant par ſon Ordonnance du 7. de ce Mois de Novembre, a eu la bonté de décharger le Pays du droit de trois ſols pour livre ſur les épices des Comptes, tant de la Capitation que du Dixiéme, étant neceſſaire que l'Aſſemblée ſoit inſtruite de cette deciſion.

PONT de Varages.

Du payement fait par le ſieur Maynier caution des Entrepreneurs, des adjudications contr'eux raportées ſur le pied de la deliberation de la derniere Aſſemblée.

Il fut deliberé dans l'Aſſemblée generale, ſur les repreſentations du ſieur Maynier de la Verdiere, caution des Entrepreneurs du Pont de Varages, qu'en payant par lui en un ſeul payement, par tout le mois de Fevrier, la ſomme de quatre mille livres, le Pays le quitteroit de toutes ſes prétentions; il a payé en conſequence cette ſomme au terme, de ſorte que cette affaire eſt finie à ſon égard.

Aprobation & remercîment.

L'Aſſemblée a aprouvé & ratifié tout ce qu a été fait par Meſſieurs les Procureurs du Pays, & les a remerciez de tous les ſoins qu'ils ont pris durant leur adminiſtration; Elle a prié ledit ſieur Aſſeſſeur de vouloir reprendre dans une autre ſéance les affaires qui meritent une deliberation plus expreſſe; l'Aſſemblée ayant auſſi remercié le Seigneur Intendant des bons offices qu'il a accordés au Pays dans le cours de la preſente année, & l'a prié de vouloir bien continuer des diſpoſitions ſi favorables.

Dudit jour dix-huitiéme Novembre de relevée.

Congregation de St. Maur.

Remontrances pour la revocation des Lettres Patentes obtenuës par cette Congregation.

LEdit ſieur Aſſeſſeur a dit qu'il a eu l'honneur d'inſtruire l'Aſſemblée dans ſa relation, que ſur la connoiſſance que Meſſieurs les Procureurs du Pays eurent des Lettres patentes ſurpriſes de la religion de Sa Majeſté le 19. Avril dernier par la Congregation de St. Maur, portant une attribution generale au Grand Conſeil de tous les procès mûs & à mouvoir concernant les Monaſteres, Prieurés & Maiſons de cette Congregation, tant dans le chef que dans les membres, il fut deliberé dans une Aſſemblée particuliere du Pays, ſous le bon plaiſir de cette Aſſemblée, qu'ils feroient des repreſentations à ſon Eminence Monſeigneur le Cardinal de Fleury, à Monſeigneur le Chancelier & à M. le Comte de St. Florentin, pour les ſuplier de porter Sa Majeſté à revoquer ces Lettres patentes. Ces repreſentations ont été faites de concert avec Mrs les Sindics de la Nobleſſe; & il a déduit dans ſa relation les motifs & les raiſons ſur leſquelles le Pays eſt fondé à demander la revocation de ces Lettres patentes, étant à cette Aſſemblée à determiner ce qu'elle trouve à propos de faire.

Deliberation.

Sur laquelle propoſition l'Aſſemblée a deliberé que les repreſentations qui ont été faites au nom de Messieurs les Procureurs du Pays, seront renouvellées dans le Cayer des très-humbles Remontrances qui seront faites à Sa Majesté au nom de l'Assemblée.

Reprise de la prétention des heritiers de Mr le President de St. Vallier, à faire réduire les dons par lui faits au Pays.

Ledit sieur Assesseur a dit qu'il a fait mention dans sa relation, du dernier Memoire que le sieur Noblet a adressé à M. l'Archevêque d'Aix, au sujet des prétentions des heritiers de feu Mr le President de St. Vallier, qui prétendent faire réduire les dons qu'il a fait au Pays pour l'établissement en mariage d'une Demoiselle Noble, & l'établissement en Religion d'une autre Demoiselle, ce qui demande une deliberation expresse qui regle la conduite que Messieurs les Procureurs du Pays doivent tenir.

Deliberation

Sur quoi l'Assemblée a renvoyé cette affaire à une assemblée de Messieurs les Procureurs du Pays nez & joints, qui sera tenuë en la ville d'Aix, immediatement après l'Assemblée generale, dans laquelle on prendra toutes les determinations convenables pour assurer le droit acquis au Pays par les actes qui ont été passez avec feu Mr le President de St. Vallier.

HOPITAUX.

Arrêt qui soûmet leurs Deli-

Ledit sieur Assesseur a dit qu'il a encore fait mention dans sa relation de l'Arrêt du Conseil obtenu par le Fermier du droit de Controlle des Actes, qui soûmet les deliberations prises par les Administrateurs des Hôpitaux, au droit de Controlle, à peine de nullité & d'une amende de deux cens livres pour chaque contravention, & des motifs qui doivent engager le Pays à s'opposer à cette nouvelle prétention qui feroit tomber toutes les Maisons Hospitalieres, si utiles à la societé & au public, étant à cette Assemblée à determiner la route que Messieurs les Procureurs du Pays doivent tenir.

berations au Controlle des Actes.

Remontrances pour le faire revoquer.

Sur quoi il a été deliberé qu'il seroit fait article dans le Cayer des très-humbles remontrances à Sa Majesté, & que l'on demanderoit au nom du Pays le revocation de cet Arrêt.

Deliberation.

Ledit sieur Assesseur a dit, que les habitans du lieu de Besse, Viguerie de Brignolle, ayant été attaqués des fiévres pendant le courant de l'année, les Consuls du lieu s'étoient adressez à Messieurs les Procureurs du Pays pour avoir du secours: Sur leur lettre il fut determiné de leur offrir du secours en remedes, en alimens & en bled, s'ils en avoient besoin, aux conditions d'en rendre le prix quand la Communauté seroit en état de le payer, ce qu'ils refuserent; ils demandent aujourd'hui qu'on leur quitte les anciens arrerages qu'ils doivent au Pays.

BESSE.

Demande de secours à l'occasion des fiévres dont ce Lieu a été attaqué, qui tend au quittus des anciens arrerages.

Rejet.

Deliberation. L'Assemblée a rejetté la demande de la Communauté de Besse.

RIANS.

Demande de cette Communauté que l'intervention à elle accordée à ses frais, au procès qu'elle a contre Mr le Conseiller de la Molle, au sujet du lods par lui pretendu de la vente d'un bois taillis, soit commuée en somption de cause aux frais du Pays.

Rejet.

Ledit sieur Assesseur a dit que dans l'Assemblée particuliere du Pays, tenuë le 16. Août dernier, il fut deliberé d'accorder à la Communauté de Rians l'intervention du Pays dans un procès qu'elle a au Parlement contre Mr de Gautier de la Molle, Conseiller en la même Cour, au sujet d'un droit de lods que ce dernier demande pour la vente d'un bois taillis aux formes ordinaires, ce qui signifie que la Communauté sera obligée de payer les frais de cette intervention. Le sieur Deputé de la Communauté de Rians a presenté un placet à l'Assemblée, par lequel il demande que le Pays prenne le fait & cause de la Communauté de Rians, & que les frais du procès soient aux dépens du Pays.

Deliberation. L'Assemblée a ordonné que la deliberation prise dans l'Assemblée particuliere du 16. Août dernier, soit executée.

Compilation d'Arrêts en faveur du Tiers Etat, qu'il n'a pas été jugé à propos de faire.

Ledit sieur Assesseur a dit qu'il a fait mention dans sa relation d'un imprimé qui avoit paru dans le public, contenant une compilation d'Arrêts rendus en faveur de la Noblesse, & des motifs qui devoient porter l'Assemblée à en faire une qui contînt les Arrêts rendus en faveur du Tiers-Etat,

pour

pour rétablir les veritables maximes.

L'Assemblée n'a pas trouvé à propos de faire une nouvelle compilation d'Arrêts, attendu que dans les opinions on n'a pas trouvé que la compilation faite de ces Arrêts, tirât à consequence contre le Tiers-Etat.

Deliberation.

Ledit sieur Assesseur a dit que les sieurs Recteurs de la maison du Refuge de la ville d'Aix, ont presenté un placet à l'Assemblée, par lequel ils exposent la misere & les besoins de cette Maison, & la suplient de vouloir continuer l'aumône qui leur a été accordée par quelques Assemblées generales.

Refuge d'Aix. Aumône.

L'Assemblée, sans tirer à consequence, a accordé à ladite Maison du Refuge cent cinquante livres pour aumône, dont il sera expedié mandement par Messieurs les Procureurs du Pays sur le sieur Tresorier des Etats.

Deliberation.

Ledit Sr Assesseur a dit que Mangarel, Trompete, serviteur & Concierge des apartemens du Pays, suplie l'Assemblée d'accorder à Claude Artaud son petit fils, la survivance de son emploi.

Trompete, serviteur & Concierge des apartemens du Pays. Survivance en faveur de Claude Artaud petit fils de Mangarel.

Sur quoi l'Assemblée satisfaite du service dudit

Deliberation.

Mangarel, a unanimement accordé audit Artaud la survivance dudit emploi de Trompete, serviteur & Concierge des apartemens du Pays, pour l'exercer après le decès dudit Mangarel son ayeul aux gages & émolumens ordinaires & accoûtumés.

Nomimation de Me Guyon Notaire, pour les Contrats du Pays.

Ratification.

Ledit sieur Assesseur a dit que dans l'Assemblée particuliere de ce Pays de Provence du 23. Avril 1738. il fut proposé que feu Me. Guyon Notaire & Agent du Pays, ayant fait la demission de son Office de Notaire Royal en faveur de sieur Antoine-François Guyon son fils aîné, & ce dernier ayant été reçû audit Office, desiroit de continuer au Pays les mêmes services que son pere, en ladite qualité de Notaire, ce que l'Assemblée agréa, attendu les services du pere, & que tous les contrats du Pays sont dans les écritures dudit Office depuis plus d'un siecle. Cette Deliberation n'ayant pas été raportée dans l'Assemblée generale, il en demande aujourd'hui la ratification.

Deliberation.

L'Assemblée a aprouvé la deliberation prise dans l'Assemblée particuliere du 23. Avril 1738.

LE VERNET.

Dommage causé par un incendie.

Secours.

Ledit sieur Assesseur a dit, que les Consuls & Communauté du lieu du Vernet, Viguerie de Seyne, representent à l'Assemblée qu'ils ont souffert un dommage considerable par l'incendie arrivé dans le mois de Mars dernier, qui consuma toutes les maisons, meubles, denrées & fourrages, ce qui a réduit la plûpart des habitans dans la derniere misere; ce dommage a été constaté par un procès verbal de Mr Gallicy Consul d'Aix, Procureur du Pays, qui fut deputé sur les lieux, en execution d'une Deliberation de l'Assemblée particuliere, à la somme de douze mille quelques cent livres; ils demandent à l'Assemblée un secours proportionné à la perte qu'ils ont fait, & tout au moins la protection du Pays dans le Cayer des très-humbles remontrances, pour obtenir de Sa Majesté une indemnité.

Déliberation.

L'Assemblée a renvoyé le placet de ladite Communauté à Messieurs les Procureurs du Pays, pour y statuer avec connoissance de cause.

Du 19e. dudit mois de Novembre du matin.

MILICE.

Reprise du payement des Chapeaux & Souliers dont la dépense sera supportée par les Communautés, à proportion des Miliciens qu'elles ont fourni.

MOnsieur Cartellier Assesseur a dit, qu'il a fait mention dans sa relation, du payement qui avoit été fait des deniers de la caisse, au Sr Audibert chargé de la fourniture des Chapeaux & Souliers des Soldats de Milice, montant à la somme de trois mille neuf cent treize livres, sur les fonds destinez par la derniere Assemblée pour l'habillement & entretenement de la Milice; ce payement a été fait avec protestation, attendu que M. de la Tour n'a pas voulu rendre une Ordonnance pour appliquer cette somme sur & à compte de celle qui se trouve dans la caisse destinée pour l'entretenement & habillement de la Milice. Il s'agit à present de deliberer si l'on fera article dans le Cayer des remontrances, afin que cette somme soit deduite sur celle destinée pour l'habillement, ou si elle sera en pure perte pour le Pays, ou si on en fera faire le recouvrement sur les Communautez qui y étoient sujettes à proportion des Soldats de Milice qu'elles avoient fourni en execution des ordres de M. de la Tour.

Deliberation.

Sur laquelle proposition l'Assemblée a deliberé que ladite dépense seroit suportée par les Communautez qui ont fourni les hommes de Milice, & à cet effet il sera laxé un exigat au sieur Tresorier du Pays pour en faire le recouvrement des Communautés à proportion de ce que chacune à fourni de Soldats de Milice.

ANTIBES. Intervention au procès de cette Communauté contre son Viguier, au sujet de la Police.

Ledit sieur Assesseur a dit, que la Communauté d'Antibes est en procès contre le Sr. Viguier de la même Ville, au sujet des fonctions de l'Office de Lieutenant de Police, que le Viguier dispute aux Consuls, quoique par le droit commun de ce Pays, la Police des Villes ait été attribuée aux Consuls des lieux en premiere instance, & par appel au Parlement, & que la connoissance leur en appartient encore depuis l'Edit de création des Offices de Lieutenant de Police unis aux Communautés ; elle demande l'intervention du Pays dans ce procès, qui a déja été consulté par Mes. Pascal, Audibert, & lui Assesseur.

L'Assemblée a deliberé d'accorder à la Communauté d'Antibes l'intervention du Pays aux formes ordinaires.

Deliberation

Ledit sieur Assesseur a dit, que la Communauté de Pertuis a été obligée par un Arrêt du Parlement, de faire construire des Greniers publics, pour que les Bleds y soient portés & vendus, en conformité des Ordonnances & Déclarations de Sa Majesté ; mais comme elle n'est pas en état de faire cette dépense, & qu'elle croit que toutes les autres Communautés y sont interessées, attendu que c'est-là un Entrepôt général pour la basse Provence ; elle demande à l'Assemblée de vouloir y contribuer pour une partie.

PERTUIS. Greniers publics, à la dépense desquels cette Communauté demande que le Pays contribue.

Rejet.

L'Assemblée a rejetté la demande de ladite Communauté.

Deliberation.

Ledit sieur Assesseur a dit qu'il a été presenté un Placet à l'Assemblée par plusieurs possedans biens au terroir de Lurs, dont les terres & possessions ont été inondées par les orages survenus

LURS. Dommages causés par des orages à plusieurs possedans biens

au terroir dudit Lieu, dont la demande en soulagement a été rejettée.

dans les mois derniers, ce qui se trouve constaté par un raport de visite des Consuls de Lurs, attesté par M. l'Evêque de Sisteron, qui a été envoyé de la part du Sr. d'Astier de Monessargues, possesseur d'un Domaine dans le même terroir, qui a souffert des dommages très-considerables. Ils demandent quelque soulagement au Pays, attendu qu'ils ne sont pas en état de suporter les charges.

Deliberation.

L'Assemblée a rejetté ladite demande.

CARROS. *Rejet de sa demande en intervention au procès contre son Seigneur, au sujet des reconnoissances.*

Ledit sieur Assesseur a dit, que la Communauté de Carros est en procès avec son Seigneur au Parlement d'Aix, à l'occasion des Reconnoissances que ce Seigneur a fait passer à ses habitans, qui ne se trouvent pas conformes à l'Arrêt d'expedient rendu entre le Seigneur & ladite Communauté, qui regloit la forme de ces Reconnoissances. Elle demande l'intervention du Pays au susdit procès.

Deliberation.

L'Assemblée n'a pas trouvé à propos d'accorder son intervention à ladite Communauté.

TRETS. *Intervention au procès intenté à cette Com-*

Ledit sieur Assesseur a fait raport du Placet presenté par le sieur Deputé de Trets, au nom de sa Communauté, par lequel cette Communauté demande l'intervention du Pays dans un procès pendant pardevant le Bureau de Mrs les Commissaires établis par le Conseil, pour juger en dernier ressort les procès de ladite Communauté contre le Seigneur du lieu. Dans celui dont il s'agit, Mr. le Baron de Trets a fait assigner la Communauté par un Exploit libellé, pour voir ordonner la compensation des Fours & des Moulins que la Communauté possedoit avant le 15. Décembre 1556. & qu'elle a aliénés dans la suite avec les biens roturiers que lui & ses Auteurs ont acquis; mais comme il s'agit dans ce procès de la même question qui étoit pendante pardevant la Cour des Aydes entre la même Communauté & le même Seigneur, où il a été ordonné que Mrs. les Procureurs du Pays seroient appellés. Elle demande l'intervention du Pays dans ce nouveau procès.

munauté par son Seigneur, en compensation des fours & moulins par elle possedez avant 1556.

L'Assemblée a accordé l'intervention du Pays aux formes ordinaires.

Déliberation.

Le Seigneur Evêque de Riez a dit, que par le Reglement des Etats, il doit être nommé annuellement un Gentilhomme possedant Fief, pour assister de la part de Messieurs de la Noblesse, au Compte du Pays, & qu'il doit être choisi du nombre de ceux qui assistent aux Assemblées, étant à celle-ci a en faire le choix pour le Compte de la présente année 1739. avec les premiers

Deputation au Compte du Pays.

Consuls des Communautés, suivant le tour de rolle.

Deliberation. Sur quoi l'Assemblée a unanimément choisi & nommé le sieur Charles de Berenguier Ecuyer, sieur de Mablan, premier Consul, & Deputé de la Communauté de Tarascon, pour assister de la part de la Noblesse, au Compte de la presente année 1739. avec les premiers Consuls des Communautés d'Aups & de St. Remy, qui se trouveront en exercice lors de l'ouverture dudit Compte, auquel assisteront aussi ceux qui ont accoûtumé d'y être par les fonctions de leurs Charges, suivant le Reglement des Etats.

ALLEMAGNE. Retablissement d'une muraille soûtenant le chemin dudit Lieu à Riez.

Ledit sieur Assesseur a dit, que la Communauté d'Allemagne demande le retablissement d'une muraille soûtenant le chemin dudit lieu allant à Riez, qui a été emportée le 11. Octobre dernier, ce qui rend ce chemin impraticable, les voitures ayant peine d'y passer.

Deliberation. L'Assemblée a deliberé que la Communauté d'Allemagne fera reparer ce qui la concerne dans l'étenduë du Village, & que ce qui sera hors du Village sera fait par la Viguerie, en cas que le contingent suffise, & en cas que la dépense excede, elle sera faite par le Pays.

Sur

CANNES.

Reparation que cette Communauté est obligée de faire pour éviter la descente en pavé dudit lieu sur la route d'Italie.

Sur les plaintes qui se sont élevées dans l'Assemblée, du mauvais état de la descente en pavé qu'il y a dans le lieu de Cannes, sur la grande route d'Italie, où les voitures ne peuvent point passer sans danger, ayant été representé qu'on peut faire un chemin sur le bord de la mer ou plage, en élargissant une petite ruë, qui de la marine entre dans la ruë, & va reprendre la ruë par où passe la grande route.

Deliberation.

L'Assemblée a deliberé que la Communauté de Cannes fera travailler à cette reparation, de maniere qu'on puisse y passer dans six mois pour tout delai, afin de ne pas rendre inutiles les grandes depenses que le Pays fait sur la route d'Italie, & faute par la Communauté d'y satisfaire, Mrs. les Procureurs du Pays y feront travailler aux depens de ladite Communauté.

Observantins d'Ollioules.

Rejet de leur demande en indemnité des dépenses ausquelles le surhaussement du Chemin les engage pour garantir leur jardin des eaux pluviales.

Mr. le Marquis de Châteaurenard, premier Consul d'Aix, Procureur du Pays a dit, que le Pays ayant fait construire de nouveau le Pont sur la Riviere d'Ollioules, pour rendre l'avenuë de ce nouveau pont plus aisée, on a été obligé d'élever le chemin, en sorte que les murailles de cloture du jardin des Peres Observantins qui sont sur ce chemin, se trouvent moins élevées, & ont été percées pour donner vuidange aux eaux pluviales venant de la Ville, ce qui a engagé ces Religieux à demander une indemnité au Pays, ſoit pour élever leurs murailles, ou pour faire un Canal vouté dans l'interieur du jardin, pour les garantir de ces eaux, étant à l'Aſſemblée à deliberer ſur cette demande.

Deliberation.

L'Aſſemblée a rejetté la demande deſdits Peres Obſervantins.

Dudit jour 19. Novembre de relevée.

Marignane & Gignac. Intervention, au cas que le Fermier perſiſte en la prétention du droit de Foraine du vin embarqué pour la proviſion des Capitaines & Patrons.

Mr. l'Aſſeſſeur a dit, que les Conſuls & Communautés des lieux de Marignane & Gignac repreſentent à l'Aſſemblée, que le Receveur des droits de Foraine à Carri, a pretendu depuis quelque tems d'exiger un droit de foraine de 17. ſ. 6. d. par millerole des vins, qui ſont expediés par les habitans de Marignane & de Gignac, aux Capitaines & Patrons, & qui ſont embarqués par ceux-ci pour leur proviſion, quoique cette prétention ait été condamnée deux fois contradictoirement avec le Fermier, par deux differens Arrêts de la Cour des Aydes, le premier en 1664. à la requête des Conſuls de la Ciotat, le 2. du 27. Mars 1683. entre les Conſuls de Caſſis & ledit Fermier. Dans ces circonſtances, ces Communautés eſperent que le Pays leur prêtera ſecours dans cette occaſion, attendu que toutes les Communautés de la Côte ſont expoſées à pareille prétention du Fermier.

L'Assemblée a deliberé que Mrs. les Procureurs du Pays écriront au sieur Directeur des Fermes-unies à Marseille, pour sçavoir s'il approuve la prétention du Receveur particulier du Bureau de Carri ; & dans le cas où il persistera à cette pretention, l'Assemblée a accordé l'intervention du Pays aux Communautés de Marignane & de Gignac, au procès qu'elles intenteront au Fermier pardevant la Cour des Aydes, aux formes ordinaires.

Deliberation.

Ledit sieur Assesseur a dit, qu'il lui a été remis divers Placets pour la reparation des Ponts & Chemins, sçavoir, pour la reparation du chemin de Grasse à Escragnolle ; pour la construction du Pont de la Napoule sur le Rieu de Lesterel, en faisant une chaussée de chaque côté, pour rejoindre l'ancien chemin de Lesterel à Cannes ; pour celle du changement du Pont de Lestang de la Napoule, attendu que l'ancien menace ruine par les fondations : pour celle du chemin de Cannes à Antibes, en passant le long des Vignes de Cannes, Valauris & Antibes : pour celle de la refection du Pont de Cuers : pour celle du chemin de Lorgues à Aups : pour la descente dans le terroir de Rousset, sur le chemin de Valansolle, au Bacq de Manosque, pour être reparé par la Viguerie : pour celle du chemin de Vins vers Brignolle, jusqu'au Bâtiment de Tuselle, sur le chemin de Bri-

PONTS & Chemins.

gnolle au Luc, dont la depense montera environ quinze cent livres : pour celle du chemin d'Aùriol à St. Maximin, passant par la sambuque de St. Zacharie, sur la route de Marseille à Nice : pour celle du retablissement de trois Ponts dans la Viguerie de Seyne, qui ont été emportés l'Eté dernier, & les Chemins ayant été fort ruinés : pour celle du retablissement de deux dos d'ânes au Pont de St. Auban, terroir de Manosque, sur le chemin de la Bastide des Jourdans : pour celle du chemin de Merindol au Bacq de Malemort, sur la Durance : pour celle du chemin de Rousset à Trets, & de Trets à Pourcioux : pour celle d'un Pont au terroir de Cereste, sur le torrent de Lucreme, à la jonction des deux chemins d'Apt à Forcalquier, & de Pertuis à Cereste, qui ne coûtera pas plus de deux mille livres : pour celle du chemin de Lambesc à Pelissane : pour celle du chemin de Malijay à Sisteron, avec les reparations necessaires au Pont sur la Durance : pour celle du chemin de Grambois à Reillanne : pour celle du chemin de St. Remy à Eyguieres ; & pour celle du chemin depuis le terroir de Tarascon à Orgon, passant par St. Remy.

Deliberation. Sur quoi l'Assemblée a renvoyé la connoissance de ces Placets à Messieurs les Procureurs du Pays, pour y statuer avec connoissance de cause, & faire choix des reparations les plus pressées, principalement dans les grandes routes, sur-tout dans celles des Postes, & par où les Troupes passent. L'Assemblée a aussi deliberé que les trois Ponts dans la Viguerie de Seyne, qui ont été emportés l'Eté dernier, seront incessemment retablis; & à l'égard de la descente dans le terroir de Rousset, sur le chemin de Valansolle au Bacq de Manosque, l'Assemblée ordonne que ledit chemin sera visité par le Consul de Moustiers Chef de Viguerie, pour être ladite reparation faite aux dépens de la Viguerie, des premiers fonds qu'il y aura de libres.

Peage des P. Celestins d'Avignon.

Abus dans l'exaction.

Ledit sieur Assesseur a dit, qu'il a été porté plusieurs plaintes à Messieurs les Procureurs du Pays dans le cours de l'année, par des Marchands, contre les Peres Celestins d'Avignon, qui exigent un droit de peage sur le Rône à Tarascon, non en conformité de la Pancarte, mais au-delà du double de ce qui est porté par leur titre; à quoi il conviendroit de remedier.

Deliberation.

L'Assemblée a renvoyé la connoissance de cette affaire à Mrs. les Procureurs du Pays Nés & joints, pour en prendre connoissance, & reprimer les abus qui se sont glissés dans l'exaction de ce droit de peage.

Reprise de l'affaire du Papier Terrier.

Ledit sieur Assesseur a dit, qu'il a fait mention dans sa relation de la Requête que Messieurs les

Procureurs du Pays ont presenté à M. le Premier Président & Intendant, au sujet de ses Ordonnances pour la confection du Papier-Terrier, & de la derniere Ordonnance qu'il a renduë sur cette Requête, qui ordonne la confirmation des précedentes, sauf au Pays à se pourvoir au Conseil de Sa Majesté : Il convient à présent de determiner la conduite qui doit être tenuë par Mrs. les Procureurs du Pays, dans une occasion aussi importante.

Deliberation. L'Assemblée a renvoyé cette affaire à Mrs. les Procureurs du Pays Nés & Joints, avec pouvoir de députer à Paris telles personnes qu'ils jugeront à propos, pour deffendre les privileges du Pays, s'ils le jugent necessaire, & faire generalement tout ce que la presente Assemblée pourroit faire dans une occasion aussi essentielle.

IMPOSITION. Le Seigneur Evêque de Riez a dit, qu'il est necessaire d'imposer pour tout ce qui a été accordé par cette Assemblée, pour le don gratuit & autres charges indispensables du Pays, en observant de proportionner les fonds aux dépenses, pour que le service soit assuré.

Deliberation. Sur quoi l'Assemblée a deliberé qu'il sera imposé & mis fonds de la somme de cinq cent vingt livres pour chaque feu, pour être exigée des

Communautés du Pays contribuables à ses charges, aux quatre quartiers de l'année prochaine 1740. suivant la repartition ci-après.

IMPOSITIONS.

Pour les appointemens de Monseigneur le Gouverneur, & l'entretenement de sa Compagnie des Gardes, il sera exigé, suivant l'imposition faite par les derniers Etats, dix-sept livres par feu aux quatre quartiers de l'année prochaine 1740. également.

Gouverneur.

Pour les appointemens de la Charge de M. le Lieutenant-General pour le Roi en ce Pays, & pour ceux de ladite année il sera exigé six livres par feu, aussi aux quatre quartiers également.

Lieutenant General pour le Roy.

Pour ce que le Pays doit contribuer pour la Compagnie du sieur Prevôt des Maréchaux, il sera exigé suivant l'imposition faite par les derniers Etats, cinq livres par feu aux quatre quartiers de ladite année également.

Maréchaussée.

Pour les Gages des Officiers du Pays, frais des procès, depenses imprévûës, payement des interêts aux proprietaires des héritages compris dans les Fortifications & Boulangerie de Toulon, An-

Gages des Officiers du Pays; cas inopinés; interêts des héritages occupés pour les Fortifications

des Places de Provence, & abonnement des droits sur les huiles.

tibes, Seyne & Colmars; comme aussi pour l'abonnement des droits sur les huiles, & pour tous autres cas inopinés, il sera exigé vingt-trois livres dix sols par feu, sçavoir, six livres cinq sols au quartier de Janvier, Février & Mars; cinq livres dix sols à celui d'Avril, Mai & Juin; sept livres à celui de Juillet, Août & Septembre, & quatre livres quinze sols à celui d'Octobre, Novembre & Décembre, le tout de ladite année prochaine.

Rentes sur le Pays.

Pour les rentes constituées sur le Pays, à cause des sommes principales par lui empruntées, il sera levé & exigé cent seize livres dix sols par feu, sçavoir, quarante livres au quartier de Janvier, Février & Mars; vingt-huit livres dix sols à celui d'Avril, Mai & Juin; quinze livres à celui de Juillet, Août & Septembre, & trente-trois livres à celui d'Octobre, Novembre & Décembre, le tout de ladite année prochaine.

Compensation des Tailles.

Pour la compensation des Tailles de Messieurs les Officiers des deux Cours du Parlement & des Comptes, il sera exigé suivant l'imposition faite par les derniers Etats, vingt-cinq sols par feu au quartier de Novembre de ladite année 1740.

Don gratuit.

Pour subvenir au payement de la somme de sept cent mille livres accordée au Roi pour le don gratuit

gratuit de ladite année, l'Assemblée a imposé deux cent trente-cinq livres par feu, sçavoir, cinquante-six livres au quartier de Janvier, Février & Mars; autres cinquante-six livres à celui d'Avril, Mai & Juin; soixante-dix livres à celui de Juillet, Août & Septembre, & cinquante-trois livres à celui d'Octobre, Novembre & Décembre de la même année.

Vieux Droits.

Pour le payement des trente-cinq mille livres de l'abonnement des droits d'Albergue, Cavalcade, & autres vieux droits, il a été imposé douze livres par feu, exigibles aux quatre quartiers de ladite année prochaine également.

Commissaires aux Saisies réelles, & Mes. des Postes.

Pour payer les deux mille livres des saisies réelles, & pour l'augmentation des Gages des Maîtres des Postes, leur tenant lieu d'indemnité de tailles, il sera exigé deux livres par feu au prochain quartier d'Avril, Mai & Juin.

Dépense des Troupes, entretenement & habillement de la Milice.

Pour le remboursement de la dépense des Troupes d'Infanterie, Cavalerie & Dragons, en route ou en quartier dans le Pays la presente année; comme aussi pour payer les fastigages & ustenciles des Garnisons établies à Toulon, Antibes, & autres Villes, de même que ce qui compette au Pays de l'entretenement, habillement, & autres depenses concernant la Milice, il a été imposé soixante-neuf livres par feu, exigibles aux trois derniers quartiers de la prochaine également.

Frais du Compte.

Pour les frais de la reddition du Compte du Pays en la Chambre des Comptes, il sera exigé sept livres par feu aux quatre quartiers de la même année également.

Ponts & Chemins.

Pour la reparation des Ponts & Chemins dans le Pays, il sera exigé treize livres par feu aux quatre quartiers de ladite année prochaine également.

Frais de l'Assemblée.

Pour les frais de cette Assemblée, il sera levé douze livres quinze sols par feu, au prochain quartier de Janvier, Fevrier & Mars.

Total des Impositions.

Toutes lesquelles Impositions mentionnées ci-dessus, reviennent à la somme de cinq cent vingt livres par feu, dont l'exaction sera faite par le Sr. Gautier, Trésorier des Etats, sur le pied de cent trente livres pour chacun des quatre quartiers de ladite année prochaine 1740.

Lecture & publication du Procès-verbal.

Ledit sieur Assesseur a dit, qu'il n'a plus aucune proposition à faire à l'Assemblée, & a requis la publication du Procès-verbal qui en a été dressé, lequel a été lû & publié l'Assemblée seant.

Remercîment à M. le Commissaire.

Après laquelle publication, ledit sieur Cartellier

Affeffeur, a remercié ledit Seigneur Premier Président & Intendant, au nom de l'Affemblée, des bons offices qu'il a rendu au Pays dans toutes les occafions qui fe font prefentées, & particulierement durant la féance de l'Affemblée.

Fait & publié à Lambefc le 20. Novembre 1739.

De tout ce que deffus, il apert dans le Regiftre du Greffe des Etats de Provence, auquel nous fouffignés Greffiers defdits Etats nous raportons.

DEREGINA *Greff.* RICARD *Greff.*

TABLE.

A

B

C

D

E

N

O

P

R

S

T

V

FIN.

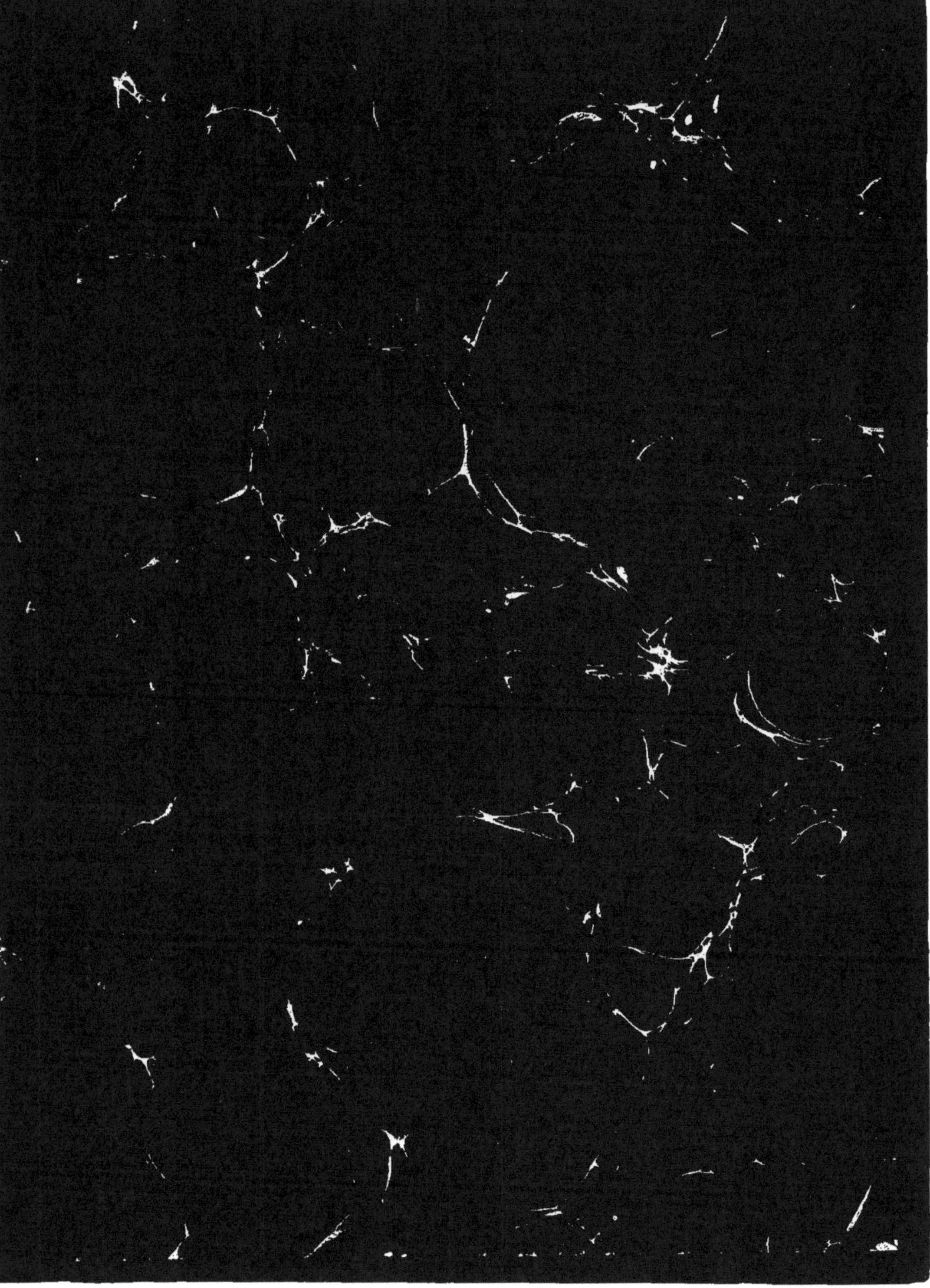

www.ingramcontent.com/pod-product-compliance
Lightning Source LLC
LaVergne TN
LVHW020347230826
846091LV00003B/1034